KB039176

4·16구술증언록 단원고 단원고 2학년 1반 제5권

그날을 말하다

소영 엄마 김미정

이 도서의 국립중앙도서관 출판예정도서목록(CIP)은 서지정보유통지원시스템 홈페이지(http://seoji.nl.go.kr)와 국가자료공동목록시스템(http://www.nl.go.kr/kolisnet)에서 이용하실 수 있습니다. CIP제어번호: CIP2019007264

4·16구술증언록 단원고 2학년 1반 제5권

그날을 말하다

소영 엄마 김미정

4·16기억저장소 기획 편집
(사) 4·16세월호참사가족협의회 지원 협조

한울

일러두기

1. 음절로 식별 가능한 소리를 들리는 대로 전사하는 것을 원칙으로 한다.

2. 의미를 파악하기 위해 추가 설명이 필요할 경우 [ ]로 표시한다.

3. 몸짓, 어조 등 비언어적 행위는 ( )로 표시한다.

4. 구술자가 말을 잇지 못해 말줄임표를 사용하는 경우 ……, …로 길고 짧음을 표시한다.

5. 비공개 영역은 〈비공개〉로 표시한다.

6. 비공개해야 하는 희생자 형제자매의 이름은 ○○, △△ 등의 도형기호로, 생존자의 이름은 A, B, C 등 알파
   벳 대문자로 표시한다.

7. 비공개해야 하는 제3자는 직분이나 소속, 성만 공개하고, 이름은 ××로 표시한다. 비공개해야 하는 숫자는
   자릿수에 상관없이 □로 표시하며, 지명은 □□로 표시한다.

4·16기억저장소에서는 세월호 참사 5주기를 맞아 구술증언 수집 사업의 결과물 일부를 100권의 책으로 발간하게 되었습니다. 이 사업은 2015년 6월부터 다양한 학문 분야 구술 연구자들의 자발적인 참여로 진행되어 왔으며, 세월호 참사를 좀 더 정확하고 다각적으로 기록하고 기억하고자 하는 노력의 일환으로 수행되었습니다.

2014년 참사 발생 이후, 참사 피해자들의 목격담과 경험은 안타깝게도 공식적인 국가기관과 언론의 기록 속에서 철저히 소외되거나 왜곡되었습니다. 그것은 세월호 참사가 우리에게 안긴 죽음과 고통의 충격만큼이나 우리 사회의 끔찍한 비극이었습니다. 따라서 사업을 진행하면서 세월호 참사 희생자 가족, 생존자, 생존자 가족, 어민, 잠수사, 활동가, 기자 등등, 참사의 초기 과정을 직접 경험한 분들의 증언을 우선적으로 수집했습니다. 구술자는 이 사업의 취

지와 방식에 개인적으로 동의한 분 중에서 선정했으며, 참여 과정
에 어떠한 금전적 보상이나 이익이 제공되지 않았습니다. 또한 구
술증언 수집 사업을 진행하는 동안, 면담자는 연구자이자 참사를
겪은 공동체 시민으로서 최대한 윤리적이고자 노력했습니다.

구술자마다 매회 약 2시간씩 3회를 원칙으로 음성 녹취와 영상
촬영을 하는 방식으로 진행되었고, 증언의 일관성을 확보하기 위
해 면담자는 큰 틀에서 공통 질문지를 사용했습니다. 공통 질문지
의 내용은 참사와 구술자 간의 관계성에 따라 차이가 있지만, 유가
족 구술의 경우 1회차 '참사 이전의 삶, 팽목항과 진도에서의 경험,
자녀에 대한 기억'을, 2회차 '참사 이후 투쟁과 공동체 활동 경험'을,
3회차 '참사 이후 개인 및 가족이 경험한 삶의 변화와 깨달음, 자녀
의 현재적 의미'를 중심으로 했습니다. 이처럼 증언 내용은 참사 이
전에서 시작해 참사 발생 당시의 경험과 이후의 변화 과정까지 폭
넓게 수집했고, 면담자는 구술 채록 과정에서 구술자의 발화를 최
대한 존중하고자 했으며, 무엇보다 각자의 특수한 경험과 다른 시
각을 충실히 반영하고자 했습니다.

이 구술증언록의 발간을 위해, 채록된 음성 자료는 문서로 변
환해 구술자와 함께 검토했고, 현재 시점에서 공개할 수 있는 영역
과 할 수 없는 영역으로 구별했습니다. 따라서 책에 실린 내용은
모두 구술자로부터 공개를 허락받은 부분입니다. 비공개 영역은
추후 구술자의 동의를 받아 적절한 절차를 거쳐 추가로 공개될 수
있으리라 생각합니다.

그날을 말하다

이 구술증언록 100권에는 그동안 우리 사회에 왜곡되어 알려지거나 잘 알려지지 않았던, 참사 발생 직후 팽목항과 진도 혹은 바다에서의 초기 상황에 관한 중요한 증언이 포함되어 있습니다. 또한, 자녀를 잃는 잔인하고 애통한 상황을 겪으면서도 그 누구보다 강인한 정치적 주체로 성장할 수밖에 없었던 유가족의 마음과 경험을 구체적으로, 그리고 여러 각도에서 살펴볼 수 있습니다. 그외에도, 이 구술증언록은 2014년을 전후한 한국 사회의 여러 측면을 드러내는 귀중한 자료가 되리라고 생각합니다. 무엇보다 국내외의 많은 분이 이 책을 읽어, 장차 세월호 참사의 진상 규명과 역사 서술에 기여할 수 있기를 바랍니다.

구술증언 수집 사업이 진행되고, 책으로 출간되기까지 많은 분의 도움과 지지가 있었습니다. 이 지면을 빌려 부족하나마 감사의 말씀을 전하고자 합니다.

먼저 (사)4·16세월호참사가족협의회와 4·16기억저장소에 감사를 드립니다. 이분들의 신뢰와 적극적인 협조가 없었다면, 이 사업은 처음부터 시작할 수조차 없었을 것입니다. 또한 어려운 정치 환경 속에서도 사업의 취지에 공감해 재정 지원을 결정해 준 아름다운가게와 역사문제연구소에 감사드립니다. 두 단체 덕분에, 이 사업을 4년 동안 계속해 올 수 있었습니다. 그리고 구술증언록 100권의 발간에 동의하고, 바쁜 일정에도 출판 실무를 기꺼이 맡아주신 한울엠플러스(주)에도 감사를 드립니다. 이 외에도 많은 개인과 단체가 직간접적으로 많은 도움을 주시고 격려해 주셨습니다. 여기에 모두 밝히지 못하는 것을 죄송하게 생각합니다.

말할 필요도 없이, 가장 크고 또 가슴 아픈 감사는 구술자 한 분한 분께 드리고자 합니다. 이 책이 발간될 수 있었던 것은, 무엇보다 용기를 내어 아픔과 고통의 기억을 다시 떠올리고 장시간 진심으로 이야기를 해주신 구술자가 있었기 때문입니다. 오랜 시간 이야기를 나누며 함께 공감하기도 했지만, 그 아픔과 고통을 어떻게 가늠할 수 있을까 싶습니다. 더 큰 도움이 되지 못함을 안타까워하며, 이 구술증언록 100권의 발간이 피해자분들에게 조금이라도 위로가 될 수 있기를 기원합니다.

2019년 4월

4·16기억저장소 구술팀 책임자
서울대학교 인류학과 교수 이현정

차례

■ 1회차 ■

소영 엄마 김미정

구술자 김미정은 단원고 2학년 1반 고 우소영의 엄마다. 오빠와 남매간인 소영이는 맑고 활달한 귀염둥이로 엄마에게는 둘도 없는 친구 같은 존재였다. 엄마는 소영이와 함께했던 추억의 장소들을 갈 때마다 그리움을 담은 작은 목소리로 하늘에 있는 소영이와 대화를 나눈다. 비록 하늘에 있지만 아직도 엄마에게 소영이는 언제나 함께하는 영원한 친구이자 삶의 의미이다.

김미정의 구술.면담은 2016년 11월 1일, 9일, 30일, 3회에 걸쳐 총 4시간 41분 동안 진행되었다. 면담자는 김익한, 촬영자는 김솔이었다.

구술자 본인의 프라이버시나 제3자의 프라이버시를 보호해야 할 부분을 제외하고는 구술자의 발화를 있는 그대로 전시했다.

1회차

2016년 11월 1일

1
시작 인사말

면담자   오늘 구술증언은 4·16 사건에 대한 참여자들의 경험과 기억을 기록으로 남김으로써 이후 진상 규명 및 역사 기술에 기여하고자 합니다. 지금부터 김미정 씨의 증언을 시작하도록 하겠습니다. 오늘은 2016년 11월 1일이며, 장소는 안산시 단원구 세승빌라입니다. 시간은 10시 30분이고요, 면담자는 김익한이며, 촬영자는 김솔입니다.

2
구술참여 계기와 목적

면담자   소영 어머니, 이렇게 구술하시게 된 계기랄까, 누가 권했고, 어머니가 하시겠다고 마음을 먹은 이유는 뭐세요?

소영 엄마   아, 우연치 않게 저장소에 갔다가 고운이 엄마 있잖아요. 고운이 엄마가, 아니 애 소영이 사진 그거 이제 그 시 낭송하는 사진 그거를 크게 뽑아서 해준다고 그래 가지고 갔어요. 그거 이제 시 낭송, 소영이한테 그때도 내가 하긴 했는데, 그래서 갔는데 우연치 않게 기회가, 하라고 그래 가지고, 반 강요죠(웃음). 그래서 하게 됐고, 나중에, 지금은 그런데 나중에 소영이 생각나고 그럴 때 한 번씩 그런 게 있으면 보고, 음… 남들도 나중에는 한 번씩은 다 읽어주겠죠. 그래서 큰 용기를 얻은, 낸 거죠, 내가. 이런 거를 원래는 잘 안 하는데 그냥 소영이에 대한 얘기라니까 참가하게 됐습니다.

면담자   소영이가 나중에 생각나면 어머니 말씀하신 것 한번 스스로 들어보고 싶다고 하시는 말씀이 가슴에 와닿는데요. 사실은 어머니가 소영이를 구술을 통해서 만나려 하시듯이 세상 사람도 그렇게 소영이를 만나지 않을까 하는 생각이 들고요. 오늘 구술은 그런 의미를 갖는다는 말씀을 좀 전하면서요. 그 어떠세요, 구술하신 게 어디에 사용되면 좋을 것 같으세요?

소영 엄마   그냥 이런 내용이 나중에, 지금은 음… 그런데 나중에 이제 애에 대한 얘기 이렇게 하면 누군가는 한 번씩은 읽어주면 이런 애들이 이렇게 자랐더라 하고, 아니면 이런 애들이 있었는데 뭐 이렇게 많이 희생이 됐으니까 그래도 마음은 가시는 분들이 그냥 한 번씩 읽어주고, 나중에는 그랬으면 좋겠어요. 그냥, 그냥 가만히 책이, 책으로 그냥 가만히 책으로 있는 거보다 그래도 한 번씩 읽어주는 사람이 있으면 우리 애에 대한 생각도 한 번씩 읽으면서도 할 수 있고 그러니까, 그런 게 나중에 그렇게 됐으면 좋겠어요.

소영 엄마 김미정

3
어린 시절

면담자   어머니 얘기를 좀 들어봤으면 하는데요. 태어나시긴 어디서 태어났습니까?

소영 엄마   완도에서 태어났… 완도에서 태어나가지고, 서너 살 때인가 서울로 이사를, 이제 전 가족이 이사를 왔어요, 서울로. 그래서 서울에서 학교 다니고, 어… 중학교, 고등학교까지 거기서 다니고 그랬죠. 이제 거기서 생활하고 그러다가 이제 직장, 우연치 않게, 그래서 이쪽으로 오게 됐죠, 나중에.

면담자   완도에서, 그러면 부친께서 이사를 하신 이유나 계기 같은 게 있으십니까?

소영 엄마   예, 예. 아… 아버지 직장을 이리 옮기시면서 이제 가족들이 다 서울로 왔죠. 안 그랬으면 아직 뭐, 그즈음 아빠 직장이 거기 이제 다니시다가 서울로 되는 바람에 올라왔어요.

면담자   형제는 어떻게 되세요?

소영 엄마   2남 2녀요, 2남 2녀. 오빠 하나, 나, 그다음에 이제 남동생, 여동생, 2남 2녀.

면담자   그러니까 2남 2녀의 장녀시네요?

소영 엄마   어… 예, 그렇게 되죠.

면담자　　　그러면 서울에서는 어디에서 사셨습니까, 어릴 때? 이사를 원래는 엄청 다니는데, 그 시절에는.

소영 엄마　　예, 거기서 돈암동에서 살다가, 어… 수유리 쪽도 갔다가, 그러니까 그 근방에서 이사를 그래도 한 세 번 네 번은 한 것 같아요, 기억에. 한 서너 번 정도, 그렇게. 그러니까 학교, 학교 이제는 여기, 근데 그 근방이잖아요. 다 그러니까, 그러고 다녔죠.

면담자　　　그러면 초등 때는 돈암동?

소영 엄마　　예, 돈암동.

면담자　　　기억에 남는 게 좀 있어요, 그 시절에?

소영 엄마　　글쎄요. 그렇게, 아니 지금 생각하면 세월이 많이 흐르기는 한 것 같아요. 기억을 막 생각하라고 하면, 그냥 애들하고 동네에서 놀았던 기억, 그리고 다른 거나 꼭 연탄가스 마신 거는 안 잊어버리는 것 같아요, 그런 것.

면담자　　　초등 때?

소영 엄마　　예, 초등학교 때. 그래도 고학년이었나 봐요. 그러니까 생각이 나는 것 보니, 그리고.

면담자　　　그럼 김칫국물 먹고 나았나요? 어떻게 나으셨어요?

소영 엄마　　진짜 김칫국물 먹은 것 같은데, 병원 안 갔던 것 같은데요. 그때는 거의 그랬었던 것 같아요, 그냥. 그리고 워낙 저희,

저기 뭐야, 힘든 삶인 게, 그때는 다들 힘드니까 다들 어렵게, 그 시대 그냥 좀 그러고 살았던 것 같은데요. 초등학교 때 기억을 하다 보니 생각이 잘 안 나네요. 하도 오래되긴 했다.

면담자　　　어머니, 이렇게 반듯하고 밝은 편이셔서 초등 때 엄청 뛰어다니면서 노셨을 것 같아요.

소영 엄마　　그때는 약간 내성적이었어요, 성격이. 이게 바뀌었어요. 그때는 내성적이어 가지고 말도 별로 안 하고 그랬는데, 이렇게 살다, 살다가 좀 성격이 드세졌다고 그래야 되나, 조금 그런 쪽으로 많이 바뀌었어요. 조금 차분하고 이래야 되는데 막 목소리 톤도 커지고 막 그렇게 많이 바뀌었어요, 지금은. 지금 생각하면….

면담자　　　아니, 왜 좋은 말 다 놔두시고 드세다고 그러세요. 내가 뵈니까 밝고, 소영 엄마가 딱 중심을 잘 잡으시고, 엄청 좋은 성격을 갖고 계신데(웃음). 그 초등 때 동창들도 혹시 기억나요? 거의 기억 안 납니까?

소영 엄마　　아니, 동창 애들은 기억이 나는데, 동창회 이런 데를 잘 안 가다 보니까 그게 잘, 그러니까 어, 애들 키우고 뭐 하고, 뭐 하고 이러다가 생활하고 이러다 보니까 내 삶이 너무 이렇게 빡빡한 생활, 이렇게 하다 보니까 동창들 생각을 거의 못 했던 것 같아요. 그래 가지고 동창회는 뭐 갈 엄두도 못 내, 그냥 내 그거는 내 저기죠. 갈 수 있으면 갔을 텐데 그냥 안 가게 되고, 그래요.

면담자　　　　그럼 어릴 때부터 쭉 지금까지 관계가 유지된 친구들은 별로 없으시겠네요, 초등 동창 중에서는?

소영 엄마　　　예, 없어요. 그리고, 그리고 서울, 이제 뭐 중학교 동창들도 보면 이사하고 이러면서 멀어졌어요. 이사 다니고, 다니고 이러면서. 그때, 그때만 해도, 그때만 해도 서로 이렇게 핸드폰으로 연락, 이런 게 아니었잖아요, 그때는. 그러니까 자연스럽게 잊혀지고, 뭐 그리고 이제 안산으로 내려오면서는 거의 이제 그쪽 애들하고 연락이 거의 끊어져 버렸죠. 제일 친한 친구 두 명도 걔들도 이사 다니고, 다니고 이러다 보니까 끊겼어요. 연락이 없어요. 그러면 이제 그렇게 되고, 지금은 이제 사회[생활] 하면서 친해졌던 사람들 그렇게 만나고. 소영이 이제 사고 나고서는 거의 우리 반 엄마들, 이렇게 거의 뭐 하면은, 왜냐하면 그게 있어요, 대화하기가 앞전 사람들은, 이제 이거를 모르는 사람들 만나면 대화가 조금 그런데, 이제 같은, 아니까, 괜히 한잔 먹고 얘기를 해도 똑같은 얘기도 같이 들어주고 이러니까, 지금은 오히려 이쪽 엄마들 만나는 게 조금 더 편하다고 그래야 되나, 예, 그렇게 생겨버렸어요.

면담자　　　　그 부친께서 서울 오셔가지고 엄청 바쁘셨겠네요. 그 시대 같으면 자식들 하나하나 챙기고 이런 게 쉽지 않으셨을 텐데.

소영 엄마　　　예, 그리고 엄마도 그때는 맞벌이하고 그러셨으니까, 거의 이제 저희들끼리 생활하고. 모든 엄마들이 그때는 그냥 직장 나가서 좀 악착같은 데가 있었던 것 같아요. 저희 엄마가 그

래 가지고 지금 생각하면은 엄마가 그래도, 아빠도 이제 [직장생활]
했는데, 엄마가 아마 더 생활력이 강하게 하지 않았나… 그래서 우
리 이렇게 사는데 엄마의 영향이 좀 크지 않았나 하는 싶어요.

면담자   어머니가 지금 어디 계십니까?

소영 엄마   저희 집에 있는데….

면담자   언제부터 같이 계시게 됐어요?

소영 엄마   지금, 저번 달부터. 원래는 여동생이 계속 소영이 사
고 터지기 전부터 이제 모셨는데, 이제 지금은 나도 혼자 있는 거
보다는 엄마랑 있으면 낫고, 그리고 엄마 생각하면요, 저희 엄마도
진짜 고생을 많이 하니까 엄마 생각하면 마음이 아픈데, 그래 지금
엄마가 아프니까 어쩔 때는 짜증도 나요, 엄마랑 있다 보면. 근데
그러니까 딸하고 엄마가 같이, 그래서 엄마 모시고, 그래도 혼자
집에 있는 것보다는 나으니까, 엄마랑 같이 있으면, 그래도 엄마
밥 차리고 뭐 하다 보면은 하루가 금방 가요. 그래서 그것은 좋은
것 같아요.

면담자   어릴 적에 엄마 기억이 어떠세요? 지금 몇 말씀 주시
기는 했는데.

소영 엄마   엄마… 저희가 이렇게 가족, 엄마가 어디를, 가족 여
행을 못 간 것 같아요, 어렸을 때는. 지금 생각하면은 너무 우리가
어렸던 것도 있고, 엄마랑 아빠나 직장생활 하시기가 너무 그래 가

지고, 그래서 저희 엄마가 워낙 전라도 분이에요. 강해요. 생활력도 강하고, 뭐 이렇게 하는 것도 떡 벌어지게 하고, 그리고 욕심도 많아 가지고요, 뭐를 하면 다 해야 되고. 그래 저희 엄마랑 엄마가 젊었을 때 같이 어디 여행을 못 간 게 조금 그렇고, 그래서 지금 엄마 모시고 어디라도 1박 2일이라도 자주 다니려고 해요. 조금 우리 이제 기억하고 있을 때, 나중에 기억 못 하면 자식, 그런데 지금은 아직은 자식들을 기억을 하니까 지금 추억을 많이 쌓을라고 하긴 하는데 그래도 많이 늦었죠. 조금 더 좋았을 때 했으면…. 그냥 소영이 때문에 한 2, 2년, 2~3년, 2년 이렇게 흘러버리고, 그때는 진짜 아무것도 안 하고 그랬는데, 지금은 이제 그나마 어디 가까운 데도 가고, 그때는 여행도 가고, 그래도 마음에 조금 그래서 3년 만에 강원도를 처음 갔어요. 소영이랑 이제 대관령, 이제 워낙 저희가 소영이랑 여행을 많이 다니는 편이었는데, 그래 가지고 거기를 이제 그쪽을 못 가겠는 거예요. 그래 가지고 얼마 전에 엄마랑 여동생이랑 셋이 갔다 왔어요.

면담자   간단하게 말씀을 해주시지만 말씀 안에 모친에 대한 사랑, 정 그런 게 많이 묻어나네요. 어린 시절 어머니하고 관계가 돈독하셨을 것 같아요, 특히 맏딸이시니까. 보통 그 시절은 엄마 아빠가 아들을 더 귀하게 여기는데 그런 건 없었어요?

소영 엄마   지금도 그러셔요, 장남. 그때도 그랬어요, 장남. 지금도요. 엄마가 치매가 계셔도 큰아들 그게 있어요, 오로지 큰 아들. 그래 가지고 우리 집에 있는데, 이제 오빠가 한 번씩 와요. 왔다가 가면 자기 안 데리고 간다고 서운하게 생각해요, 장남을. 그때나 지금이나 똑같은 것 같아요. 장남은 제1순위로 생각을 해요, 장남 먼저. 그리고 해주기는 딸들이 더 잘해주거든요. 잘해주고, 어딜 가도 딸들이 그러는데, 지금도 오로지 장남. 주머니에 만 원짜리 있으면 줘요, 오빠는 줘요. 내가 달라고 하면 나는 안 줘요. 그런 게 있어요. 지금도 그래요. 옛날도 오빠. 그래 옛날 사람들은 다 장남을 최우선으로 했던 것 같아요, 다.

면담자   서운하지는 않으세요?

소영 엄마   서운할 건 없어요(웃음). 그냥 서운할 건 없는데, 지금은 이제 뭘 해도 못 알아들으시니까 그게 좀 마음이 아픈데, 서운하고 그런 건 없어요. 그런 건 없는 것 같아요.

면담자   천사 같은 마음을…(웃음).

소영 엄마   아니, 그러진 않아요. 속에 막 악마가 자라고 있어요(웃음).

면담자   중고등학교 때는 어떤 여학생이셨어요?

소영 엄마   그냥, 그냥 무던하다고 그래야 되나, 애들하고도 그렇고. 나는 이거 사회생활하면서 성격이 진짜 많이 바뀌었어요. 너무 내성적이어 가지고 이렇게 잘 어울리지도 않았거든요, 그냥 친한 애들 이렇게 하고. 그리고 고등학교 때도 그랬던 것 같아요, 성격이. 그러면서 직장 들어가면서 이제 바뀌었는데, 학교를 고등학교 때는 정릉에 있는, 이렇게 좀 우이동 있는 데, 좀 그쪽 학교를 다녔어요. 그래 가지고 좀 애들하고 걸어 다니, 거의 걸어 다니면서 그런 추억…. 그때만 해도 이런 거, 좀 그런 거, 걸어 다니면서 그런 거를, 떡볶이도 사 먹고, 친구들이 그런 거 외에는 특별나게 떠거나 그러지는 않았던 것 같아요. 그냥 학교 무난하게 잘, 사고 안 치고, 그리고 그냥 무난하게 졸업했던 것 같아요.

면담자   수업 땡땡이 치고 영화 보러 가고 그런 건 없었어요?

소영 엄마   예, 그런 건… 왜 그랬냐면요. 이건 내 여동생이 워낙 사고를 많이 치니까 제가 안 하, 못 하게 되는 거예요. 그래 가지고, 걔 찾으러 다니기가 더 바빴어요, 엄마랑(웃음). 그러다 보니까 나는 자연적으로 착한 딸이 돼버린 것 같아요. 그때는 그냥 집에, 어 그냥 한 애가 너무 사[고를], 이래 버리니까 그냥 착해질 수밖에 없는 딸, 그런 환경이 그렇게 돼버리는. 그러니까 나는 뭐를 해봐야 되겠다는 엄두를 못 냈던 거죠. 그 당시에는 그랬죠. 지금 보면 '아이, 나도 너무 학교를 다녔네' (웃음) 이런 생각이 들 정도로 좀 그랬던 것 같아요. '그때 좀 많이 좀 해볼걸' 그런 생각도 요즘엔 자주 해요. '좀 젊고 그랬을 때, 하고 싶은 거 있을 때 그때 좀 해볼걸' 그 생각을 많이 하죠.

면담자   동생은 뭐 주로 어떤 사고를 쳤길래 그렇게 쫓아다녔어요?

소영 엄마   걔 얘기하면 우리 집안 망신(웃음). 그래서 지금은 그래도 아들 둘 낳고 잘 살고 있는데요. 일곱 명이서 몰려 다녔어요. 한, 그 동네 그 학교에서는 우리 남동생이 이제 했는데, 누나 백 때문에 학교를 졸업을 잘 다녔다는 그 정도.

면담자   엄청 즐겁게 행복하게 살았네요.

소영 엄마   예, 그러니까 걔는 후회, 그래도 그때가 재밌었대요. 지금도 그런 애들이요, 지금도 걔네들 만나요. 계속 만나요, 같이. 그런 거는 조금 보기는 좋더라고요. 그때는 서로 그랬는데 지금은 다 결혼 다 해가지고, 애들 낳고 그러는 거 보면 저렇게 학창 시절을 해도 그래도 즐겁게 다 지내고. 그러다 보니까 내가 너무 착한 딸이, 그런 게 너무 커져버렸어요. 그래서 나는 뭐 어디 엄두도 못 냈던 것 같아요, 뭘 저게 되겠다는 거를. 집에 너무 큰 사고 치는 애가 있어 버려가지고.

4
안산에서의 생활

면담자   처음 사회생활 시작한 건 언제세요?

소영 엄마   고등학교 졸업하고 21살 때인데, 21살 때 첫 직장, 서울에서 잠깐 하다가 20살 때 이제 안산으로 이제 이사 오면서, 안산에서 이제 반월공단 있는 데 다니고, 여기 와서 여기서 결혼하고, 이렇게 애들…. 처음에는 서울에 수유리에 한 조그만 회사였는데, 그때는 그냥 간단한 업무만 하고 그렇게 하다가, 안산에 와서 이제 저기로 다녔죠, 직장을.

면담자   안산으로는 부친께서 이사를 오신 거예요?

소영 엄마   예, 그때는 여기 이사 오게… 직장, 아버님 직장도 있을 때였고 몸도 많이 안 좋으셨어요. 그래 가지고 이제 그러니까 서울 생활이 너무 그러니까 이쪽으로 이사를 와가지고, 그러면서 직장을 좀 다니시다가 그만두셨죠, 몸이 많이 안 좋으셔 가지고. 고생, 아빠도 고생 많이 하고 돌아가셨어요, 아프셔 가지고.

면담자   그러면 서울에서 안산으로 이사 오실 때는 흔히 얘기하는, 가세가 조금 기운 상태셨어요?

소영 엄마   예, 기울어가지고 거기서는 이제 저기 하니까 그냥 이쪽으로… 여기에 또 이제 친정엄마 외삼촌이 살고, 먼저 계셔가지고 이쪽으로 이사 오게 된 거죠. 안 그랬으면 이제 다른 데로 갔겠죠. 그런데 안산으로 이제… 그때만 해도 공기 좋고 괜찮고 아무런 저기도 없었고, 그래서 이쪽으로 오게 됐죠.

면담자   처음에 안산 오셨을 때 느낌이 어떠셨어요? 도시에 대한 느낌이랄까, 사는 환경에 대한 느낌이랄까….

소영 엄마   휑했어요. 서울에 진짜 서울 건물 많은 이런 데서 살다가, 처음에는 여기 적응이 안 돼서…. 너무 없고 뭐 건물도 그때는, 이쪽에도 연립 몇 개 있었고, 뭐 별로 없어 가지고, 한동안은 적응 못 했던 것 같아요, 저기 했다가. 근데 이제 좀 지내보니까 적응하면서 그때부터 또 일, 직장 다니고 그랬죠.

면담자   좀 생각해 볼 이야기인데, 보통 안산으로 들어올 때 IMF를 맞았다든지 개인적으로 가세가 기울었다든지, 이렇게 해서 말하자면 성공해서 오는 도시가 아닌 경우가 많거든요. 안산에 오셨을 때 '빨리 성공해 가지고 다시 서울로 들어가야지' 이런 생각도 있으셨습니까?

소영 엄마   서울은 아니어도 그냥 여기보다는 조금 나은 데로 가고 싶다는 생각은 있었어요, 그때는. 그때는 너무 여기가 허허벌판이었어요. 진짜 건물 뭐, 뭐 건물도… 그때 내 20살 때 벌써 20, 26, 7년 전 이런데, 그때만 해도 여기 진짜 아무것도 없었어요, 별로. 나성 그쪽에 저거 있고 그랬는데, 그래도 뭐 생활을 해야 되다 보니까 직장 다니면서 적응도, 이제 거기에 맞춰서 거기 사람들하고 또 어울리면서 또 막 이렇게 되고, 그러면서 한 해 한 해 이제 빨리 적응을 했죠, 그래도. 아예 손 놨으면은 저기 했을 건데. 또 워낙 아빠도 어느 정도 하다가 직장을 못 다니시니까 엄마 혼자서 또 벌어야 되고, 오빠 저기 하고, 그래서 뭐 빨리…. 그러니까 나는 너무 착한 딸이었던 것 같아요, 지금 생각하면, 뭐 속도 별로 안 썩히고. 그냥 아빠가 한 10년 넘게 아프시다 돌아가셨어요. 10년 훨씬 더 된 것 같은데…. 그러니까는 다, 온 가족이 다 힘들었어요. 그 상황에는 나만 힘든 게 아니고 다들 그랬던 것 같아요, 다들. 가장이 아프니까 집에 이제 엄마가 그러고, 오빠 있고 그러다 보니까, 다 이제 벌어야 되는 입장이고, 그러니까 서울에 살 때와 내려와서 살 때하고 너무 이게, 이게 커져버려 가지고요, 한동안은 그거 진짜 적응하는데 힘들었어요, 힘들어.

면담자　　　그런데 다른 한편으로는 안산은 자연환경이나 주택환경 보면 참 서울의 번잡한 곳보다 살기 좋은 곳인데….

소영 엄마　　지금도요 제가요, 지금도 서울에 한번 이제 어쩌다 가게 되면요, 이제 가끔 가면 차 끌[고], 승용차 타고는 못 다니는 동네가 서울이에요. 그냥 지하철 타고 갔다가 볼일보고 이렇게 오면 괜찮은데, 차타고 갈, 돌아다닐 수도… 차가 너무 많이…. 지금 생각하면 이쪽에 오기를 잘한 거죠. 우선은 여기는 어딜 다녀도 그렇게 차가 많이 안 밀리고 복잡하지도 않고….

5
소영이 탄생과 추억

면담자　　　언제 소영 아빠를 만났어요?

소영 엄마　　빨리 만났어요, 22살 때인가 21살 때. 그러다가 잠깐 만났다가 이제 연애를 하다가 어떻게 헤어졌어요. 헤어졌는데 우연치 않게 술집에서 만났어요. 저는 다른 팀하고 먹고 그러다가 또 어떻게 그래 가지고 결혼을 하게 됐네요(웃음).

면담자   그럼 몇 살에 결혼하신 거예요?

소영 엄마   제가 스물다섯에 했나? 예, 스물다섯에.

면담자   그러면 소영이가 결혼하고 한 5, 6년 되는 해에 태어났네요?

소영 엄마   97년도에 소영이를 낳았어요. 97년생이에요. 그러니까 94년도에 결혼을 해가지고 스물다섯이 94년도였던 것 같아요. 그다음 해에 아들 낳고, 그리고 97년도니까 2년 저기 했다가 소영이를 낳았죠. 딸 낳고, 이제 아들, 딸이면 되니까 "우리 더 이상 낳지 말자"(웃음).

면담자   아들 낳고 딸 낳았을 때, 소영이 낳았을 때 어떠셨어요, 엄마로서?

소영 엄마   제일 좋았어요. 아니, 처음에는 아들 낳을 때는 그랬어요, 다들. 거기에 워낙 딸이 귀한 집이니까 딸 낳자, 딸딸, 이제 전부 다 그랬는데 막상 아들이다 하니까 그 왠지 모르는 기분이 틀리더라고요. 그 왠지 그냥 그래도 첫애는 아들 낳고, 그리고선 이제 소영이 낳을 때는 너무너무 이뻤죠, 조그만 조그마해 가지고. 2.7킬로 낳았나? 조그매 가지고 진짜 이뻤죠. 그리고 집안에 워낙 귀한 딸이다 보니까 그냥 다 좋아하고, 다 좋아하는 거예요. 우리 외가, 우리 엄마네 쪽도 딸 이제 하나, 저쪽도 그러니까 그때 다 이뻐해 가지고, 저도 좋았죠, 딸이라. 근데 엄마한테는 딸이 있어야 되는 것 같아요, 딸은.

면담자   왜요?

소영 엄마   친구. 지금 나중에 이게 딸이 있는 것하고 없는 것하고 차이가 진짜 커요. 엄마들한테는 그런 것 같아요. 아들, 아들은 어, 아들은 좀 무심하다고 그래야 되나? 뭐 이렇게 하면 이렇게 다정다감, 이렇게 하는 게 없어요. 그런데 딸은 그냥 뭐 어디 가면 친구 같고, 같이 어디 다니기도 좋고, 뭐 엄마가 "가자" 그러면은 같이 잘 따라주고, 이러는 것 보니까 그때 딸 하나 더 낳았어야 되나 (웃음), 지금 아이….

면담자   아이 둘 키우시면서는 계속 직장생활도 하고….

소영 엄마   예, 계속 직장 다니고. 애들 어렸을 때는 안 했어요. 어렸을 때는 애들 키우고, 낳고서 애들 초등학교 다닐 때까지는 안 했던 것 같아요. 그때까지는 애들 돌보고, 봐주고, 학교 가는 것 봐주고, 뭐 그러다가 이제 애들이 어느 정도 크니까 그때부터 직장 다시 다니게 됐죠.

면담자   그, 소영이하고 소영 오빠 초등 정도 다닐 때는 주말에 놀러 엄청 다녔겠어요?

소영 엄마   예, 저희가 애들 어렸을 때는 놀러를 진짜 많이 다녔어요, 애들하고 추억도 쌓는 걸 좋아해 가지고. 우리가 못 해보니까 그런 게 있어서, 여행도 뭐 많이 가고, 어디 놀이동산도 많이 가고, 그리고 지 이모랑 뭐 강원도, 뭐 겨울 되면 스키 타러 다니고, 뭐 많이 다녔어요. 진짜 여행은 원 없이 다녔던 것 같아요. 소영이 사고 나기 전에도 그 전해에 친정식구들 제주도 여행을 갔거든요. 그리고 또 그해 겨울방학에는 또 우리 네 식구 통영으로 해서, 그러니까 여행을 애들하고 원 없이 다닌 것 같아요. 그런데 이제 애들이 크다 보니까 사진을 안 찍어요, 사진이 없어요. 다 지네 스마트폰으로 지네만 찍고 뭐 찍고 그래서, 그런 사진이 없어서 그렇지 애들하고 추억은 많이 쌓았던 것 같아요. 어디 여행 다니면서 특히 더 그러잖아요. 집에서 있는 것보다 애들하고 여행 다니면서, 이렇게 하루 잠자고 그러면 더 애들하고 이렇게 깊은 그거를 가지니까. 글쎄, 우리 애들은 여행이고 놀러고…. 그리고 애들 아빠가 잘했어요. 그때만 애들하고 어디를 다니고 이런 것을 우리 둘 다 좋아해 가지고 애들 데리고 어디 다니… 뭐, 간단한데 1박 2일 이렇게 다니고, 많이 여행은 뭐 원 없이 다닌 것 같아요.

면담자 　　　　돈 번 걸로 다 여행에 써버린 거 아니에요?

소영 엄마 　　　그랬어요. 그래도 그런 추억이 많아요. 애들하고 어디 갔다 오고, 특히 소영이는 딸이어 가지고, 우리 아들은 안 가도 소영이는 엄마가 어디 만약에 이모나 우리 어디 여행 가자 그러면 거의 같이 가줬어요. 거의 그래서 추억은 많은데 같이 찍은 사진이 별로 없네요, 사진이. 그게 좀 아쉬워요. 이게 핸드폰이 생기면서 그런 것 같아요. 스마트폰 이게 안 좋아요. 애들하고 사진이 없어….

면담자   맞습니다.

소영 엄마   어렸을 때는 진짜 많아, 이렇게 보면 사진이 많아요, 찍은 게. 그런데 얘네들이 스마트폰 생기고 중학교 들어가면서부 터는 없어요, 사진이. 같이 찍은 사진도 없고, 뭐 다 핸드폰에 지네 핸드폰에 "엄마 같이 찍어" 이러면 지네 핸드폰만 저장이 되잖아 요. 그래서 없어, 그런 게 없어. 그게 지금 너무 아쉬워요. 사진을 좀 많이 남겨둘 걸 하는 생각이…. 그게 좀 아쉬워요.

면담자   순서가 좀 바뀌긴 합니다만, 소영이 핸드폰은 안 나 왔나 보죠?

소영 엄마   예, 핸드폰을 못 찾았어요, 그냥 캐리어 가방만 찾고 요. 핸드폰하고 보조 가방을 못 찾고… 예, 못 찾았어요. 안 그랬으 면 좀 저기 했을 건데, 못 찾았어요.

면담자   소영이가 초등 때랄까 더 어릴 때, 중고등학교 들어 가기 전에 어떤 스타일이었어요?

소영 엄마   얘가 잘 넘어져요, 말괄량이. 그냥 애가 남자들 틈에 서 자랐다고 보면 돼요. 시댁 가도 명절에는 다 오빠들이고, 밑에 머스마들이니까 걔도 안 그러면 거기 가서 놀 수가 없거든요. 그러 다 보니까, 또 지네 오빠도 있고, 또 남자 같은 애예요. 잘 넘어지 고, 말투고 그렇고. 남자애들 친구들이 많았던 것 같아요, 초등학교 때도 그렇고 중학교 때도 그렇고. 그런 거 보면 남자애들하고 어울리는 게 더 지도 좋았나 봐요, 잘 맞고. 그래서 여자 친구들은 그냥 그렇게 많지 않았던 것 같아요.

면담자   굉장히 활달하고 밝고 그랬겠네요.

소영 엄마   예, 예. 좀 밝고 그러니까, 그게 어떻게 보면 딴 여자 애들이, 한번은 중학교 때 그런 적이 있었어요. 얘가 성격이, 쟤가 저기 하면 그 자리에서 이렇게 하는 스타일이에요. 그러다 보니까 친구하고 좀 이렇게 감정이 좀 안 좋아 가지고 한동안 소영이가 좀 그런 적이 있는데, 그런 거 외에는, 예, 좀 활달한 성격이었어요.

면담자   소영이가 엄청 좋아한 음식이라든지 그런 것은 있었습니까?

소영 엄마   다 잘 먹었어요, 식성이 너무 좋아 가지고요. 가리는 거는 없었던 것 같아요. 음식은 다 좋아하고 다 잘 먹었던 것 같은데, 육류를 좋아했죠(웃음).

면담자   주로 애들이랑은 중앙동 돌아다니면서 놀고 그랬어요?

소영 엄마   예, 노래, 노래방. "어디야?" 그러면 "노래방". 뭐, 화장품 하나 사러 다녀도 친구들하고 우르르 갔다고. 그게 저희 집에서 이제 학교에서 가깝잖아요. 그러니깐 애들이 저녁 시간에 우리 집으로 와요. 한 서너 명이서 와가지고 또 후다닥 라면 같은 거 먹고 가고, 집이 가까워서. 애들하고 뭐, 뭐 노래방도 다니고 중앙동에는 그냥 잘 돌아다니고 그랬던 것 같아요. 걔도 집에 있는 성격이 아니었어요. 그냥 밖으로 다니는 스타일이어 가지고 집에 잘… 어쩌다 한번 뭐 저기 하면 "친구랑 약속 있다" 그러고.

면담자   아빠 닮았다고 그래야 되나? 소영 엄마는 어린 시절은 조용하고 내성적인 타입이었는데.

소영 엄마   예, 아빠 닮… 아빠 성격 닮은 것 같아요. 이렇게 활동적이고 뭐 그런 것 보면 아빠, 아빠 닮은 것 같아요.

면담자   소영이하고 좀 깊은 내밀한 얘기랄까, 이런 것도 나누신 적 있습니까?

소영 엄마   저하고는 잘 안 했는데, 소영이가 한동안 얘가 이제 고등학교 저기 할, 고등학교 저기 고등학교 1학년 때인가, 이제 오빠하고도 그렇고 걔가 이제 계속 쌓인 게 좀 있어 가지고, 그 뭐죠 선생님하고 이제 심리는 아니고 그 이렇게 뭐, 뭐 부부들 상담해, 이렇게 해주시는 분, 이제 아니면 미용실이나 이런 데 직원들하고 이렇게 상담하시는 분 있잖아요. 어떻게 막내 올케 아시는 분이 있어 가지고 한번 이제 가서 소영이가 그분한테는 막 이런저런 얘기하면서 울었대요. 근데 이제 나는 없었는데, 그런 적이 한번은 있어요. 얘기하고 이런저런 얘기하면서 울었다고…. 그리고 여행 다니면서도 얘기를 많이 했어도 그냥 여행 갈 때는 즐겁게 가서 막 복잡한 얘기를 잘 안 했어요. 그냥 그때 추억만 쌓아놓고 와서 진

소영 엄마 김미정

지하게는 얘기를 안 해본 것 같아요.

면담자   소영이는 뭐가 그렇게 속이 상해서 눈물을?

소영 엄마   그거 그러니까 뭐 여러… 자세히는 모르겠는데 그분하고 그랬다고 그러더라고요. 그냥 얘기 뭐 오빠에 대한 얘기도 그렇고, 대충 들어보니까 소영이 성격이 직설적이에요. 이제 얘 그러면 막 뭐라고 하는 스타일이어 가지고 그런 것에 대한 지 마음대로 상처가 좀 있었던 것 같아요. 그런 얘기를, 그런 것하고 그때 좀 울었다고 하더라고요, 얘기하면서. 아 옆에 내가 있었어야 되는데 그때 없어 가지고….

면담자   오빠랑 싸워서 그랬나?

소영 엄마   진짜 많이 싸웠어요. 그러니까 얘가 더 그러니까 남자같이 돼버린 것 같아요. 그래도 또 오빠가 잘, 동생이니까 잘 챙기잖아요. 하도 얘가 덜렁거려서 잊어버리기도, 소영이는 물건을 잊어버리기도 잘 잊어버리고요, 무릎이 성할 날이 없었어요. 그래 가지고 스타킹 새것 신고 가면 넘어지고 구멍이 이렇게 나(웃음), 뭐 그 정도 그렇게. 오빠랑 성격이 반대다 보니까 둘이 부딪히는 적도 많고, 좀 꼼꼼하지를 못해 가지고. 그런, 하여간 여러모로….

면담자   엄마랑 쇼핑 같은 것도 같이 가고 그랬어요?

소영 엄마   제가, 그래서 친구 같은 딸이었어요. 진짜 저희는 영화도 자주 보러 다니고, 뭐 화장품 사러 다녀도 같이 주말에 가끔 잘 다니고, 그러면 이제 돌아다니다가 밥도 같이 잘 먹고…. 그런데 개가 없으면서 영화를 같이 볼 사람이 없는 거예요. 아들은 가자고 그러면 안 가요. 안 가고, 딱 한 번, 제대하고 딱 한 번 가줬어요. 근데 소영이는 우리가 "영화 보러 가자" 그러면은 "응 엄마, 예매해" 그러면 이제 그때 가서 같이 보고. 그러니까 거의 친구 같은 딸이에요. 같이, 엄마하고 같이 잘 놀아주는 딸. 그래서 지금은 영화를 같이 볼 사람이, 편하게 같이 볼 사람이 이제 식구 저기 외에는 없죠.

면담자　　　그, 소영 어머니 어릴 때 삶하고 소영이의 삶이랄까, 그걸 이렇게 한번 대비해 보시면 어떠세요?

소영 엄마　　　요즘 애들은 너무 자유롭죠. 하고 싶은 것 다 하고, 뭐 엄마들한테 "엄마, 나 이거 뭐 해" 그러면 돈 주면 가서 하고. 그리고 요즘 애들이요, 그냥 물질적으로 다 부모들이 주니, 그런데 저희 때만 해도 그런 게 없었잖아요. 그리고 그때는 이렇게 뭐 어디, 뭐 영화 한 편, 먹어봐야 분식집, 저기 하면서 분식집이나 다니고 이랬죠 뭐. 학교 가다 친구들하고 어울려도 그냥 어디 집에 모여서 이랬죠. 지금처럼 카페를 뭐 생과일주스 집에를 가고 그러지는 못했던, 차이가 많죠, 요즘 애들하고, 옛날, 아니 우리 때 자란 때하고 지금 애들하고는. 지금 애들은 하고 싶은 건 거의 하잖아요. 지네가 뭐 하고 싶은 거는 다 하는데 우리 때만 해도 그게 어느 정도는 그냥 못, 거의 못 했죠. 그냥 못 하고, 그냥 학교 다니는 것도 그때는 학교 다니고, 집 뭐 애들하고 또 놀아도 그 동네 거기서

만 놀았죠. 지금처럼 뭐 어디 멀리 가지는 않았으니까.

면담자　소영이 참 활달하고 행복하게 잘 지낸 것 같은데, 혹시 소영이가 엄마한테 바랐다면 뭘 바랐을 것 같아요?

소영 엄마　음… '뭘 바랐을까?' 그런 생각을 한 번도 안 해봤는데….

면담자　워낙 사이가 좋았고, 해줄 것 다 해줬으니까….

소영 엄마　예, 좋았어요, 그냥 우리는. 소영이가 그러니까 엄마를 잘 맞춰준 거죠, 저를, 이제 내가 이렇게 저기 한다고 그러면은. 그리고 글쎄요, 맨날 소영이한테 생일 때마다 딸들은 편지 같은 거 써 주잖아요, 선물 말고 편지. 그런 걸 보면 그냥 그런 것 같아요. "엄마 사랑해요" "엄마 건강하세요" 뭐 그런 내용…. 진지하게 뭐 어떤 생각해 본 적이 없네. 뭘 특별히 바랐을까?

6
종교 및 정치에 대한 견해

면담자　종교 활동 같은 건 하셨습니까?

소영 엄마　아니요.

면담자　전혀 종교는 없으셨어요?

소영 엄마　예. 종교는 그냥 저희 친정 아빠 천주교를 다니셨어요. 그런데 저도 다녀볼라고 가긴 했는데 저하곤 또 안 맞더라고요. 그래 가지고 또 안 다녔어요.

면담자   어떤 게 잘 안 맞으셨어요?

소영 엄마   종교, 뭐 그런 게 있는 것 같아요. 뭐, 딱 들어가면 이제 괜찮아야 되는데, 저는 절도 가보고 그랬는데, 마음에 와닿는 게 없다고 그래야 되나… 그런 게 있어 가지고 '그냥 나를 믿고 살자' (웃음) 그래서 종교를 계속 안 갔고, 지금도 이제 그냥 종교 없이… 종교 없으니까 여기저기 갈 수는 있어요. 어디 절 가서 그냥 한번 절하는 것도 괜찮고, 교회나 뭐 이런데 좀 가면 잠깐씩 가서 뭐 하는 것도 괜찮고. 그런 게 특별하게 종교를 가지면 거기만 가서 기도하게 되고 그런 거 있잖아요. 그런데 그런 거는 없어요. 그냥, 그냥 어디 가다가 좋은 절 있으면 들어가서 절하고 나오고. 예, 그게 종교 없어서 좋은 점 같아요.

면담자   절하시면서 뭘 비세요?

소영 엄마   음, 건강도 빌고, '소영이 보고 싶다'는, 뭐 그런 얘기도 하고, 속으로 그냥 속마음이죠. 생각하는 것, 그런 것….

면담자   제가 종교 얘기를 여쭌 것은 소영이 때문에 죽음 후에 어떤, 천당 지옥 하듯이 뭔가의 사후 세계가 있다고 느껴지시는지 그런 것 좀 여쭤보고 싶었습니다.

소영 엄마   음, 그런데 지옥이나 하느님이나 이런 사람 있었으면 나쁜 사람 진작 벌 줬겠죠. 저는 그렇게 생각해요. 그냥 하나의 자기 마음에 갖고 있는 믿음, 이것을 믿는 사람들은 하나 갖고 있으면 마음이 좀 편한 거잖아요. 그런데 우리 애들은 다 천당 갔겠죠. 가기는 천당 가는데 그런 게 있으려나? 그런 쪽으로는 생각을 저는 거의 안 하는 편이라. 천당, 지옥, 그냥 하나의 영화나 어디에서나 그냥 나오는 것, 그 정도 아닐까요.

면담자　예, 어머니, 아까 제가 한 가지 빼먹었는데, 특별히 좋아하시는 운동이나 취미나 이런 게 있으십니까?

소영 엄마　취미를 배우고 싶은 그게, 이게 뭘 하라는 도전하는 게 겁나다고 그래야 되나, 그런 게 있어요. 하면은 잘해요, 하면, 하면은…. 그런데 특별나게 이렇게 '아, 도전을 해봐야 되겠다', 아직은 없어요. 그래서 제가 그거를, 겁이 많아… 원래 제가 면허증이 없었어요. 진짜 겁이 많아요. 고소공포증이 있어서 놀이기구도 못 타요. 그래서 물 같은 것도 아예 싫어하고. 그런데 작년에 면허증을 땄잖아요. 우리 아들이 제일 먼저 놀랐어요. '아, 우리 엄마가…' 그런 거를 생각을 못 했거든요. 나는 내 살면서 워낙 운전하는 게 무섭고 사고 나는 것도 가다 보면 보고 이러니까, 겁이 진짜 많아 가지고 못 했는데, 또 하다 보니까 면허를 따더라고요. 아, 하나씩 해보면 되지 않을까요? 이 놀이기구도 그러니깐 접해보면은 하나도 무서운 게 아닌데, 그 가기까지가 겁이 나는 것 같아요. 아 이런 게 좀 도전을 쉽게 못 한다 그래야 되나? 뭐 그런 게 있는 것 같아요. 제 성격이 좀 그런 게 있는 것 같아요. 하면은 그래도 될 것 같은데 발 하나 나서기가 조금 겁난다고 그래야 되나? 그런데 막상 하면은 어려운 게 아니더라고요. 제가, 저기 뭐야, 작년에 하도 이제 집에 여기만 있으니깐 막내 남동생네 내외가 워터파크를 놀러 데려갔어요. 근데 제가 거기를 진짜 안 가봤어요, 그런 데를. 여행은 어디 다니는데 그 워터파크 이런 데를 안 가본 거예요. 그런데 처음에는 겁이 진짜 났거든요. 그런데 타다 보니까 이게 되는 거예요. 그런 거 보면 하다 보면 되는데 그 하기까지 과정이 좀 쉽게 뭘 다가서지를 못한다고 그래야 되나? 배우고 싶기는 해요. 뭘 '아, 나도 저것도 배우고 싶'고 생각은 해요. 도전이 힘들어요, 그 도전 과정이. 그런 것 보면 하고 싶은 건 많죠. 아직 뭐 계속 하고 싶은데….

면담자　　　지금도 도전하시는지.

소영 엄마　　예, 하나씩 하는 것 보니까 되더라고요.

면담자　　　젊을 때부터 선거 때는 계속 투표하셨습니까?

소영 엄마　　예, 선거는 그래도 안 빼고 아주 저기 하지 않는 한은 투표는 꼭 해요, 가서. 그냥 뭐 누구를 딱 저기 한다기보다는 그냥 해요, 가서 투표는. 우리 식구들은 거의 그런 것 같아요. 우리 친정 쪽 식구들은 투표는 안 빠지고, 저희 엄마만 못 해요. 치매니까, 뭐 설명을 해도 이해를 못 하니까. 우리 엄마도 작년 재작년까지 무슨 선거 때까진 하시고 그다음부터는 못 하시고, 투표권은 있어도 이게 돼야 말이죠, 이해 저기 하니까. 예, 선거는 꾸준히 하고 있어요, 열심히.

면담자　　정부에 대해서는 소영이 잃기 전에 젊을 때는 어떤 생각이셨어요? 좀 못마땅해하는 타입이셨어요?

소영 엄마　　예, 못마땅하죠. 왜냐하면 지금 아니어도 소영이 사고 아니어도 이렇게 보면, 보면 그렇게 잘하고 있지가 않으니까. 뭐 그 사람들은 자기네는 한다고 하지만 막상 보는 입장이나 이렇게 보면 돼 있는 게 별로 없잖아요. 저는 그렇게 느끼고, 뭐 그 사람들이 좀 자기네 생각을 조금만 더 하면 아무래도 달라지지 않을까요? 조금 달라지는 면이 많지 않을까 싶어요. 소영이 사고 터지기 전에도 지금도, 지금은 더 그렇지만 그때도 너무 없었던… 저기 정치하시는 분들이, 내가 정치를 안 하니까 자세히는 뭐 그런데, 자기네 이익 챙기기가 우선이다 보니까 다른 데 이렇게, 그리고 다른 데 하지는 잘하지는 못하는 것 같아서….

면담자　　대통령에 대해서는 어떻게 생각하세요?

소영 엄마　　지금 대통령?

면담자　　지금 대통령도 좋고 그 전부터 대통령이 잘하면 뭐든지 잘할 수 있다고 생각하신다든지….

소영 엄마　　그런데 지금[이나] 옛날에나 대통령은 그냥 거기, 제가 [볼 때], 이렇게 권한이 없는 것 같아요. 지금이나 옛날에도 보면 우리는 이제 방송으로, 이제 보고 방송으로 듣고 그러는데 우리야 뭘 알겠어요. 그런데 현실적, 우리가 자세히는 모르지만, 보면 대통령은 그냥 권한이 없다, 거의 밑에 사람들이 하면 뭐 마지막 서명 정도? 도장 정도? 그러니까 뭐 할 수 있는 게 없겠죠, 자기 스스로 할 수 있는 게. 모르겠어요, 저도 자세히는, 정치에 대해서는 자세히는 모르는데, 우리가 보고 느끼기에는 뭐 TV고 뉴스, 뭐 이런 거 듣고 보면 그런 것 같아요. 그냥 예나 지금이나 똑같은 게 계속 이렇게 흐르고 있는 게 아닌가 생각이 들어요.

면담자   노조나 시민단체에 대해서는 어떻게 생각하십니까?

소영 엄마   제가, 저 노조, 제 신랑이 노조 했었어요. 2년 동안 구치소에도 있었는데, 저도 그러니까 그때부터 독해졌다고 그래야 되나, 내가? 그런데 그런 분들이 없으면 싸우는 사람들이 없잖아요, 그런 단체나. 왜냐하면 어, 이렇게 직장 다니시는 분들도 그런 분들이 없으면 이게 발전이 없을 것 같고, 그리고 단체도 있으면 힘없는 사람은 좀 도움을 많이 받잖아요. 도움을 좀 많이 받고 의지, 또 만약에 내가 저기 했으면 거기에 또 의지할 수도 있는 관계고. 그래서 그것은 있으면 좋은 것 같아요.

면담자   소영 아빠는 뭐 하시다가 구치소에 가셨어요?

소영 엄마   노조, 뭐 회사에 노조 없었는데, 그거 만들다가 해당 그렇게 됐어요(웃음). 그게 애들이 어렸을 때예요, 어렸을 때. 그래 가지고 그래서 그때 아마 그때도 뭐 그때 생각하면…(웃음).

면담자　　　　힘드셨다는….

소영 엄마　　예, 힘들었어요. 뭐 마음적으로도 그렇고, 뭐 그걸 반대를 했어야 되는데 반대를 못 해가지고, 제가 하라고 너무 밀어 쥐가지고(웃음). 그래서 그때는, 아, 그때 살면서 그때가 제일 힘들었던 것 같아요, 결혼하면서 그때. 지금은 그 회사에 이제 노조가 생기면서 다른 사람들은 다 이제 좋게 하죠.

면담자　　　　소영 아빠의 공이죠.

소영 엄마　　여러 사람의 공이죠. 혼자서는 거기, 거기도 보면 제일 몰랐어요. 거기에 누가 있어야 되고, 누가 있어야 되고, 뭐 사무장부터 뭐 행정 뭐 대장부터 위원장 뭐 다 보면, 다 그리고 혼자서는 안 돼요. 옆에서 도와주니까 하죠. 혼자서는 힘들고 그냥 그래서 그랬던 것 같아요.

7
소영이의 학교생활

면담자　　　　소영이 학교 다녔을 때 학교에 대해서 바람 같은 게 있으셨습니까?

소영 엄마　　아… 소영이가 중학교를 광덕중학교를 나왔어요. 집은 여기고, 단원중학교도 바로 코앞인데, 그래서 이제 버스, 셔틀 버스를 타고 3년을 이제 버스 타고 왔다 갔다 다녔는데, 학교 상담도 두 번 갔나? 그냥 소영이[에] 대해서. 그런데 학교생활은 그래도 잘하고 있더라고요. 가서 이제 선생님하고 얘기해 보니까, 잘하고, 저 갈 때 1학년, 2학년 두 번 갔나? 3학년 때는 고등학교 때문에 그때 갔는데, 적응… 아니, "학교생활은 잘하고, 친구들하고도 잘 지낸다"고 그러더라고. 그리고 조금 성격을, 선생님이 그러는데 선생님한테 상담할 때 그랬어요. 소영이가 여자애들하고 잘 적응하기가 힘들어 가지고 그것을 선생님한테 한번 상담한 적이 있는데, 여자애들은, 남자애들은 소영이 같은 성격을 좋아라하는데 여자애들은 그런 게 싫어하는 애들이 좀 있는 거예요. 이렇게 직설적이고 뭐 불만 있으면 바로 얘기하고 뭐 그러니까, 이제 그런 거에 얘가 한번은 상처를 받았었어요, 중학교 1학년 때. 그래서 "소영아 그냥 싫어? 너가 그냥 싫으면 그냥 말하지 마" 그랬는데 그것 때문에 한번, 그래서 한 번 얘기를 하고 그랬더니 나중에는 또 적응 잘하고 그러더라고요. 특별히 사고 안 치고 중학교 졸업 잘 하고. 너무 학교가 멀어서 그거 하나 안 좋았어요.

면담자　　　단원고등학교에 대해서는?

소영 엄마　　그러니까 저 때문에 단원고등학교를 쓴 거거든요. 광덕중학교 친구 애들이 다 그 근방 고등학교를 쓴 거예요, 다. 그래 그 근방을 넣길래 제가 제 권유로 "집 가까운 데, 3년을 그래도 다녔으니까 집 가까운 데를 쓰자" 그래서 단원고등학교를 쓴 거예

소영 엄마 김미정

요. 그러니까 이왕이면 가까운 데 다녀야 네가 덜 피곤하고 그렇다고 그랬는데 사고가 터진 거죠.

면담자   학교에 대해서는 뭐 특별한 다른 건 없었습니까, 고등학교 때?

소영 엄마   수업, 이제 애들이 이제 고등학교 때는 공부를 해야 되니까, 좀 선생님… 한번, 1학년 때 선생님 때문에 소영이가 한번 나한테 얘기한 적이 있어요. 공부를 잘하는 애들 위주로 한다는 거예요, 선생님이. 그래 가지고 그것 때문에, 근데 그게 현실인 것 같아요. 요즘 지금도 보면 그 위주로 학교 그게 되다 보니까, 상위권에 못 들면, 중간에 들면, 이제 각자 뭐 해도 각자하게 되고, 그래서 1학년 때 너무 스트레스를 얘가 좀 받았어요, 그것에 대한. 그래서 나한테 얘기를 해가지고 한번. 그래서 그것 [때문에 학교에] 온 것 외에는 특별하게…. 그런데 그게 여기만 그런 게 아니라 다른 학교도 그렇더라고요. 얘기 들어보면 상위권, 뭐 중학교 기숙사 학교 들어보면 기숙사 애들 위주로 거의 학교 수업 같은 게 돌아가고, 뭐 여러 사람 엄마들 말 들어보니까 거의 그렇더라고요, 여기만 그런 게 아니고. 그러니까 그거는 어쩔 수가 없는 것… 그런….

면담자   소영이가 고등학교 다니면서, 뭐가 되고 싶다 이런 얘기는 좀 하지 않았을까요?

소영 엄마   뭐 화장을 얘는 했어요, 중학교 때. 중학교 처음에는 못한다고 오빠가 맨날 놀렸어요. "너 눈썹 숯검댕이가 뭐다", 뭐

"어떻게 너 그렇게 화장을 하냐". 그런데 화장하고 꾸미고 이런 것을 좋아해 가지고 그런 쪽 하고 싶다고 하고, 그리고 얘가 손재주가 조금 있어 가지고 뭐 만들고 이런 것을 잘했어요. 얘 학교에 그거 뭐 사각 그리는 거, 얘는 A+ 받았더라고요. 제가 다른 애들 꺼 봤는데 B+ 뭐 이런데, 그런 걸 잘했어요. 색칠하고 만들고, 이런 거. 그래서 그런 쪽으로 하고 싶다고 그랬는데요. 손재주가 좋았어요. 화장도 하다 보니까 계속 늘더라고요. 그래서 화장도 처음에는 진짜 못해가지고 오빠가 맨날 놀렸어요, "어디 숯검댕이 눈썹 그러고 다니냐"고….

면담자   수학여행 가는 게 결정이 되고 엄청 들떴겠네요.

소영 엄마   예, 들떠가지고….

면담자   특히 소영이는 엄청 좋아했을 것 같은데….

소영 엄마   예, 들떠가지고 옷 사러 이제, 옷 사고 짐 싸고. 근데 그때도 이제 제가 직장을 다녔잖아요. 그래서 이제 짐 싸고 뭐 하고, 뭐 가방이 과자 봉지 하나, 화장품 넣고 뭐 넣는 거, 옆으로 매는 거 하나, 캐리어 끄는 거에 짐 하나, 드라이기 챙겨 갔죠. 지금도 그 캐리어 담아 있는 거는 집에 이제 그대로 있거든요. 핸드폰 배터리, 뭐 슬리퍼, 다 그대로 집에 있는데, 그런 것까지 다 챙겨 갔어요. 드라이부터 해서 뭐 해서 화장품 해서 챙겨가지고 여행, 친구들하고 간다고 좋아 가지고… 그런데 그 전해에 제주도 갔는데도 친구들하고 가는 건 또 틀린가 봐요, 좋아 가지고(웃음).

면담자　　　아침에 어떻게 보냈어요?

소영 엄마　　아침에 밥 먹여서 잘 갔다 오라고 하고, 그러고 보냈죠. 잘⋯ 여행 잘하고 사진 많이 찍고. 그랬는데 아휴⋯⋯.

면담자　　　1차 구술에서 여쭤야 될 것은 거의 다 여쭌 것 같은데요. 한 가지만 좀 더 여쭤면, 어머니한테 소영이가 친구 같다고 그랬는데, 아들하고 비교했을 때 소영이가 엄마에게, 뭐랄까 어떤 선물인 것 같아요?

소영 엄마　　큰⋯ 완전히 큰, 너무 큰 선물이었어요, 소영이는. 걔 있으면서부터 즐거웠거든요. 걔랑 뭐 어렸을 때도 이뻐 가지고 어디 잘 데리고 다니고 막 그랬는데. 그⋯ 나는 소영이하고 자라면서 걔랑 같이했던 그 순간이 제일 즐거웠던 것 같아요, 같이. 저희 모녀처럼 이렇게 같이하는 부부들도 많겠지만, 소영이가 또 친화력이 많아요. 그래 가지고 그냥 어깨동무 막 이래 가지고 이러고 다니고. 이제 그 당시가 제일 즐거운, 즐겁게. 근데 이제 사는 인생을 이렇게 보면 아들도, 아들은 듬직함, 뭐 그런 거 외에는 그렇게 다정다감한 게 없는 반면에, 딸은 아빠한테도 그렇고 엄마, 특히 엄마한테는 그 기억을, 많은 기억을 저한테 주고 갔죠, 그냥. 기억할 수 있는 기억을 많이 주고 갔죠, 생각할 수 있는 것도 그렇고. 같이 여행도 그렇고 같이 뭐 딸이랑 엄마랑 할 수 있는, 목욕탕 가고, 그런 것도 보면 제가 찜질방 가자고 그러면 소영이는 같이 갔어요. 그런, 그런 것, 그러니까 많은, 저한테 많은 것을 주고 갔어요, 진짜 보물 같은 것을. 너무 아쉽죠. 그게 짧았다는 게 조금 아쉽긴 한데, 좀 더 길었으면 더 즐겁고 단둘이 여행도 가고 그랬겠죠. 그런 거는 없었는데 그래도 좋았어요. 즐겁고, 큰 보물. 지금 내 인생에 사는 것 중에 가장 큰 그 기간이 큰 보물이었던 것 같아요.

8
마무리

면담자　　　예, 어머니 짧지 않은 시간이었는데요. 잘 말씀해 주셔서 너무 감사드리고요. 다음 구술에서는 소영이를 떠나보낸 이야기를 하시게 될 겁니다. 어려운 말씀을 듣는 거라서 항상 마음 한편에 죄송스러움이 있고요. 그럼에도 불구하고 어머니가 말씀해 주시는 이런 생생한 이야기들이 후대에 삶을 성찰하는 데 중요한 자료가 되리라고 저는 믿습니다. 구술해 주신 점에 대해서 다시 한 번 감사드리면서 마치도록 하겠습니다.

소영 엄마　　　감사합니다. 너무 두서없이 얘기해 가지고….

2회차

2016년 11월 9일

1
시작 인사말

면담자   오늘도 약속 시간 딱 맞춰 와주셔서 감사합니다. 본 구술증언은 4·16 사건에 대한 참여자들의 경험과 기억을 기록으로 남김으로써 이후 진상 규명 및 역사 기술에 기여하고자 합니다. 지금부터 김미정 씨의 증언을 시작하도록 하겠습니다. 오늘은 2016년 11월 9일이며, 장소는 안산시 단원구 고잔동 구술방입니다. 면담자는 김익한이며 오늘 참관자가 한 분 계십니다. 참관자는 유은주 교수님이시고, 촬영자는 김솔입니다.

2
사고 당일의 기억

면담자   오늘 얘기를 시작을 하겠습니다. 오늘 이제 아이 얘기가 초반전에 많이 나오기 때문에요, 제가 여쭙더라도 '너무 힘들 것 같다' 그러면 답변을 안 하셔도 됩니다. 우선 16일 날 얘기부터 좀 들어봤으면 좋겠는데요. 16일 날 어떤 상태셨어요? 어디에 계셨습니까?

소영 엄마   어, 일하… 직장에 있었어요. 직장에서 일하고 있다가 이제 소식을 들었죠. 그때는 바로 못 듣고 이제 거기 일하시는, 이제 핸드폰에 그거 터지고 그러고선 알았어요. 라디오에 "수학여

행 간 배가 기울었다"고 그래 가지고 그거, 그래서 그것 듣고서 소
영이하고 이제 통화하고서 그러고서는 저하고, 저하고는 못 하고
좀 괜찮은, 다 구해질지 알고, 이제 하고서 그때는 괜찮았으니까,
그 상황은 이제 한 번 통화하고 그다음에 저는 일을 해야 되니까
그때는 이렇게 막 모르고 일을 하고 있었는데, 저는 통화를 못 하
고 저 이모하고 오빠하고 계속 카톡 하고 얘기를 하면서, 뭐 이제
배가 "엄마" 아니… "이모, 배가 기울었어", "오빠, 나 조금 있으면
바다에 뛰어내려야 될 것 같아" 막 그러면서, 막 이제 오빠랑 같이
계속 뭐 카톡 하고, 여동생 지 이모랑 연락하고, 여동생이 "다 버리
고 구명조끼 잘 입고, 가방 저기 한 것만 챙겨 가", "저기 아무것도
갖고 오지 말고 나오라"고 그랬는, 그러고선, 그러고선은 연락이
안 돼가지고, 이제 이거 터지고 그래서 학교를 이제 단원고등학교
로 바로 왔죠. 바로 와가지고 거기서 이제 막 거기서 전해지는 것,
얘기 듣고, 상황 뭐 하고, 그러고선 조금 있… 거기 막 이제 일 터지
고, 그러고선 버스 대절했을 때, 처음에 대절했을 때, 같이 이제 팽
목항으로 그때 내려갔죠.

면담자   처음 소식 듣던 낮 시간에 소영이랑 한 번 통화가 되
신….

소영 엄마   예, 예. 오전에, 오전에 한 번 통화하고, 저희 여동생
하고는 그러니깐 배가 거의 10시, 아니 10시인가? 그 해경 저기 때
까지는 카톡 시간대가 그렇게 된 것 같아요. 10시 20분인가 10시

몇 분이라고….

면담자   소영이한테는 어머니가 계속 전화를 하셨습니까?

소영 엄마   예, 계속 전화를 이제 그때 하고, 그때까지만 해도 배가 그렇게 그냥 이렇게 서 있고, 그래 가지고 그때는 별일 없을 줄 알았죠. 그랬는데….

면담자   그 통화하셨을 때 소영이는 뭐라고 그러던가요?

소영 엄마   그냥 엄마 배 이렇게 고장 난 것 같다고, 그냥. 그때도 애들도 그냥 전부 다 괜찮을 줄, 그냥 구명조끼 입고 엄마 뭐 이렇게 괜찮을 줄 알았겠죠. "그냥 그러면 기다렸다가 차분히 있어라" 그러고 저는 이제 끊었는데, 그러고는 소영이하고는 연락을 저는 못 했어요. 그런데 이제 오빠는 이모하고는 막 카톡도 하고 통화도 그 저기까지는 하고 그러다가 이제 연락이 아예 안 된 거죠.

면담자   소영이 이모나 오빠하고 카톡 나눈 것에 대한 이야기를 나중에 들으셨을 텐데, 그 대화 내용 중에 기억에 남는 것이나, 마지막 교신한 내용에 대해서 혹시 기억이 나시는 것이 있으면 얘기를 해주시죠.

소영 엄마   저희 여동생은 이제 뭐 통화하면서, 그런데 오빠랑 거의 카톡을 많이 한 것 같아요. 그런데 저희 아들이 저를 글을 안 보여줬어요. 지금은 이제 핸드폰을 이제 바꿨는데, 소영이하고 그 카톡한 내용을 안 보여줬어요, 저한테는. 근데 이제 내 여동생, "그냥 뭐 잘 챙기라"고 그러고 그랬다고 "구명조끼 입으라"고 그랬다고 그런 얘기 해주고 그런데, 저희 아들은 지금도 그때 얘기한 얘기를 저한테 안 해요, 지금도 안 하고. 그러고선 얼마, 올해 이제 걔도 핸드폰 바꾸면서 그 카톡 내용도 저기 했는데, 그때 내가 한번 보여 달라고 그랬어요, 소영이랑 어떤 얘기를 나눴는지. 근데 안 보여 주더라고요, 계속 안 보여줘요, 지금도. 그리고 워낙 걔가 소영이 얘기 하는 것을 저거 하면 그냥 걱정만 하니까, 머스마…. 지금도 그래서 내용 얘기를 안 해주더라고요, 아예. 그냥 제 여동생한테만, "언니 내가 그렇게 했을 때, 저기 뭐야 구명조끼 잘 입고 물건 다 버리고 그러고 오라"고 그랬는데 소영이가 그랬대요. 걔가 이제 화장하는 걸 좋아해 가지고, "이모, 옆에 그 가방에 화장 케이스, 이모 그거하고 핸드폰하고 그런 거 챙겼어" 그 얘기를 했대요. 그러면서 그랬더니, 그런 거 챙기지 말고 그러라고 그랬는데, 그런 거 챙기고 그러고 하는 걸. 근데 저희 아들한테 아들이 딱 소영이가 저기 "오빠, 이제 바다에 조금 있으면 바다에 뛰어내려야 될 것 같아" 그 얘기는 해주더라고요.

면담자   단원고등학교에 몇 시쯤 가신 걸로 기억하세요?

소영 엄마   하여간 거의 저 갔을 때는 사람, 부모님들이 몇 분 계셨는데 거의 일찍 간 것 같아요. 나 아는 애하고, 아는 애도 아들 그러는 바람에 같이 이제, 같이 걔 차가 있어 가지고 그거 타고 몇 시… 하여간 꽤 일찍 도착한 것 같은데… 예, 꽤 일찍 도착한 것 같아요. 그래 갖고 배 상황 뭐 거기 뭐 듣고, 애들 다 뭐 이제 전원 구했다고 뭐 이런 소리 듣고, 그때는 막 그랬으니까요. 애들 다 괜찮다고 그러고, 그리고 팽목항 버스 타고 내려갈 때도 소영이 짐을 다, 옷을 다 챙겨 갔어요, 한 벌을. 애들 다 구했고 괜찮다고 그러니깐은 갈아입을 옷 챙겨서 그러고 내려갔죠.

면담자 　　　단원고 가셨을 때는 어디로 모였습니까?

소영 엄마 　　　처음에는 이제 반 애들 각자 반에 처음에는 갔어요. 가서 그러다가 이제 강당에 모여가지고 막 이제 학교에서 설명하면 막 그러고, 부모들 막 하고, 소식 듣고….

면담자 　　　학교에서는 좀 정신없어서 무슨 이야기가 오갔는지 잘 못 들으셨겠네요?

소영 엄마 　　　예, 그때는 너무 정신도 없고, 뭐 이게 맞는 소린지 저게 맞는 소린지도 모르겠고, 어떤 게… 모르겠고. 그냥 다 모든 부모가 그랬어요. 그때는 상황이 지금 당장 가서 해줄 수 있는 게 없으니까 그냥 듣는 것만 듣잖아요. 거기에서는 이제 소식 전해주는 것, 듣는 것만 듣고 그러는 입장이어 가지고….

면담자 　　　학교에서는 선생님들이 몇 분 오셔서 설명도 하고 하셨을 텐데, 주로 어떤 얘기를 들으셨어요.

소영 엄마 　　　뭐 이제 애들, 제가 "애들 이제 뭐 배 괜찮다", 처음에는 뭐 "애들 거의 막 뭐 몇 명 뭐 어떻게 했다", 근데 거기에 실질적으로 거기에 있는 사람도 정확하게는 배 속에서 일어난 일은 모르니까, 그냥 무조건 부모들 안정시키려고만 하죠, "괜찮다". 솔직히 버스 타고 갈, 내려갈 때까지도 뭐 애들은 괜찮을 줄 알고 전부 다들 '우리 자식은 다 구했겠지' 이런 식이었으니까….

면담자　　　버스 출발할 때가 점심때쯤 됐었죠?

소영 엄마　　예, 예. 점심때쯤 다 돼가지고 그때 부모는 이제 개인적으로 차 가시는 분도 있고 버스로 해서 가시는 분, 몇 시까지 이제 다들 해가지고 버스 타고, 그러고 이제 팽목항으로….

면담자　　　그러면 그때 시점이면 이미 탈출한 아이들하고 배 안에 갇혀 있는 아이들이 구별이 돼 있는 상태였거든요.

소영 엄마　　예, 거의 예, 그래 가지고 뭐….

면담자　　　그러니까 학교에서 강당에 부모님들이 모여 있을 때 출발하기 전 시점이라면, 이제 상황이 어떻다는 걸 비교적 정확하게 전달할 수 있는 시점이었거든요. 그때 그 탈출한 학생들이 팽목으로 나왔고, 나머지 아이들이 배에 갇혀 있다는 정확한 소식은 들을 수 있으셨는지, 들을 수 없었는지를 제가 좀 확인하려고 합니다.

소영 엄마　　그냥 가면서도, 그냥 뭐 애 몇 명을 구했니, 몇 명 어디 뭐 어디에 거기 있다고 그런 소리, 그리고 뭐 거의 막 "누구 구했다", "몇 반 몇 명 누구 구했다" 막 이제 그런 게 라디오, 버스에서 한 명씩 계속 전화해 주시는 분이 있어 가지고, 그런 소식 듣고,

소영 엄마 김미정

그리고 그때는 막 정신이 너무 없으니까 무슨 아무런 얘기를 했어
도 자세히는 못 들었을 거예요. 너무 정신이 없고, 우리 애만 괜찮
을 줄, 그냥 그런 생각만 하고 그러고 내려갈 때였기 때문에….

면담자   지금 말씀하시는 부분을 들으니까 초기에 배에서 탈
출한 아이들의 신원이 확인된 게 교육청으로 연락이 간 것을, 버스
안에서 지금 설명했다는 상황에 대한 말씀인 것 같습니다.

소영 엄마   예, 그런 얘기. 그러고 이제 그런 것 듣고 이제 버스
타고 팽목항 갔, 내려갔죠.

면담자   버스 타고 팽목까지 내려가실 때 어머니 타신 차에
서는 특별히 어떤 비보라든지 이런 건 없었습니까?

소영 엄마   그때까지, 그때는 그런 소리는 안 전해졌던 것 같아
요, 애들에 대한. 글쎄요, 제가 기억을 잘 못 할 수도 있는데요.

면담자   예, 예. 그럴 수 있습니다, 워낙 정신이 없을 때니까.
군산 정도 때였던 것으로 제가 알고 있는데, 첫 사망 학생에 대한
소식이 나와서 버스에서 전달이 된 걸로 그렇게 알려져 있습니다.
그러면 이제 버스가 한 네다섯 시 정도 됐을 때 일단 진도로 도착
을 했겠죠?

소영 엄마   예, 진도체육관에 거기로 가서 거기서 이제 팽목항
으로 옮겨 갔죠.

면담자   진도체육관 내리셨을 때 좀 어떠셨어요, 주변 분위

기가?

소영 엄마   그냥 주변 이렇게 살필 겨를도 없었던 것, 저 진도체육관 갔을 때 제일 먼저 찾는 게 애들 그거 이런 게 써 있잖아요? 처음에 갔을 때 체육관에 갔는데 애들 이름 써 있고 뭐 이렇게 써 있고 막 그런데, 전부 다 아는 애들 만나가지고 물어볼 생각밖에 없어 가지고 다들 정신이 없었어요, 그냥 애들 보고 뭐 그렇게 하느라고. 다른 거는 뭐 어떻게 할 겨를이 없었던 것 같아요, 그냥.

면담자   체육관에 도착하셨을 때 체계적으로 어머님, 아버님을 안내한다든지 그런 사람은 없었습니까?

소영 엄마   예, 그냥 그랬던 것 같아요. 그냥 다들 가가지고 애 찾고, 뭐 물어보고, 살아 있는 애들도, 생존자 애들도 잠깐 저기 하고는 걔네들도 힘드니까 다 딴 데로 갔던 것 같아요, 전부 다들.

3
팽목항과 진도체육관에서의 생활

면담자   팽목으로는 언제 넘어가셨습니까?

소영 엄마   그다음 날인가? 하여간 그런 것 같은데….

면담자   그날은 이제 진도체육관에서 하루 종일 계시다가 그다음 날이 돼서 이제….

소영 엄마   예, 팽목항에 저는, 저희 신랑은 갔던 것 같은데, 저는 그다음 날 간 것 같아요.

면담자   소영이 아버님이 먼저 이제 팽목항으로 가고, 어머니는 진도체육관에 계시다가 이제 팽목으로 옮기셨고… 그 이후 팽목에 계속 계셨어요? 아니면 낮에 팽목에 갔다가 밤에 진도체육관으로 오셨어요?

소영 엄마   예, 그런 식이었어요. 아침에 팽목항 갔다가 체육관, 저희 이제 아들하고 같이 있어 가지고 저는 왔다 갔다 하고, 저희 아들이랑 왔다 갔다 하고. 저희 아빠는 거기 잠깐 애 아빠는 있다가 애 아빠도 이제 나중에는 여기서 체육관에서 지내면서 왔다 갔다 이런 상황이었죠.

면담자   소영 오빠 얘기도 좀 들어보고 싶은데, 체육관에서 주로 어떤 얘기를 했습니까?

소영 엄마   어, 그냥 걱정만 하죠. 엄마 걱정, 소영이가 일주일만, 일주일, 20일 날이니까 거의 일주일날 거의 애들 많이 올라올 때 왔거든요. 그러니까 누구 애 인상착의, 저기 하는 애 인상착의 나면 거기에 이제 집중하고 보고, 그냥 우리 걱정을 많이 한 것 같아요, 아들이랑. 뭐 엄마 걱정 많이 하고. 계속 막 상황, 특기상황 이런 거 막 뜨면 그거 쳐다보고, 그리고 부모들도 따로 또 막 회의하고 막 그때는 전부 다들 그랬어요. 각 반, 이렇게 반끼리 이제 그때 체육관에서 많이, 그래서 그때 이제 부모들 얼굴도 알고 그랬죠. 이제 모여서 얘기도 하고 못 찾은 애들 저기 하고, 또 한 명씩 올라가면 '우리 애도 또 나중에 올라' 그런 생각하면서… 하여간 저희 아들은 그냥 걱정, 오로지 걱정, 소영이 찾기 전까지는.

면담자   식사는 어떻게 하셨어요, 그때?

소영 엄마   그때는 봉사하시는 분들, 식당 그거에서 먹고, 예.

면담자   거기 보면 안산시에서 밥차가 하나 있었고, 그 옆에 대한적십자사에서 운영하는 밥차가 있었던 것 혹시 기억하십니까?

소영 엄마   예, 그러고선 이제 또 나중에 밥차가 몇 개씩 생기고, 예, 예. 처음에는 그랬는데 나중에 이제 한 군데 또 생기고 저쪽 생기고 이런 식이었던 것….

면담자   진도 새마을부녀회 차는 저쪽 뒤쪽에 있었고….

소영 엄마   예, 예.

면담자   그러면 하루는 여기, 하루는 저기 왔다 갔다 하면서 식사를 하셨네?

소영 엄마   그러지는 않았던 것 같아요. 그냥, 그냥 그때 그냥 뭐 한 군데 가서. 그때는 소영이 찾기 전까지는 뭐 거의 밥도 조금 거의 안 먹었으니까, 그냥 조금씩 먹고.

면담자   진도체육관의 분위기를 한두 가지만 더 여쭙겠는데요, 처음에는 사람 수가 엄청 많았었잖아요?

소영 엄마   예, 엄청 많았어요, 그래 가지고.

면담자   거기서 아이들 부모가 아닌 듯한 사람들을 봤다든지, 그런 기억들이 혹시 있으십니까?

소영 엄마   글쎄요….

면담자   그렇게 눈여겨보시지는 않았던 것….

소영 엄마   예, 예.

면담자   가족과 구별이 잘 안 되시는 분들이 있다고 해서, 아마 어느 시점엔가 명찰을 다셨을 거예요.

소영 엄마   예, 예, 부모들이. 저기 이제 부모 아니신 분들이 이제 거기에서 물건을 주잖아요. 밥도 그렇고 뭐 소지품 이제 필요한 것, 생활용품 이런 것, 그게 이제 하도 저기 하니까 명찰, 지금도 저희 집에 그거 있는데, 명찰 줬어요, 부모는.

면담자   명찰에 뭐라고 씌어 있었습니까?

소영 엄마   갑자기 물어보시니까 지금 생각이….

면담자   반하고 아이 이름?

소영 엄마   예, 우소영, 그렇게 1반.

면담자   그리고 또 하나는 그때 하루 이틀 지나시면서 이제 주위가 눈에 들어오는 그 시점에 자원봉사자들이 엄청 수가 많았을 텐데?

소영 엄마   예, 엄청 많았어요.

면담자   기억에 남는 인상적인 그런 장면 같은 게 혹시 있으신지?

소영 엄마   그냥 자원[봉사분들], 그 부모님들한테서 얘기도 잘 해주시고, 만약에 힘들어하고 이러면, 그러니까 그런 좋으신 분들이 많았던 것 같아요. 부모들이 어디 이제 의지하고 이럴 데가 없으니까 그분들이 그냥 뭐 우리가 기운 없어 보인다 그러면 커피 같은 것도 갖고 와서 이렇게 하고 뭐, 모든 분들이 다 고마웠죠. 그 당시에는 진짜 한 분 한 분이 전부 다, 그때는 한마음같이 부모들 생각도 많이 하고, 어디 또 아파서 막 쓰러, 중간중간에 쓰러지신 분도 있고, 막 그러는 상황에 봉사하시는 분들이 많아서 그래도 저희가 있을 때 좀 편하지 않았나, 그런 예, 그랬던 것 같아요.

면담자   기자들은?

소영 엄마   예, 너무 많이 그래 가지고, 뭐 안 한다고 그래도 졸졸졸 따라 막 붙어가지고 "말, 얘기 한번 하자"고, 그런 기자들도 엄청 많았고, 그때는 그랬던, 너무너무 많았어요, 기자들. 나중에는 어차피 그런 거 잘 나오지도 않을 거면서, 그런 막 얘기하고, 하자고 막 그러고, 근데 저는 그런 거에 별로 안 해서….

면담자   체육관하고 체육관 바깥에 TV 스크린이 설치가 돼 있잖아요?

소영 엄마   예, 예. 큰 차.

면담자   거기에 물론 뉴스도 틀고 했지만, 그 배가 가라앉은 그 상태를 자주 비춰주지 않았습니까?

소영 엄마   예, 예. 배는 그냥 그렇게 뉴스나 진행 이런 거, 배 모습은….

면담자   뉴스에 그 어떤 화면으로 배의 일부만 수면 위에 있고, 가라앉아 있는 모습을 보셨을 때 느낌이 어떠셨어요?

소영 엄마   처음에 이제 부모님들, 그 배에 위에 있을 때, 부모님들 배 타고 한 번 그때 갔는데, 저희 신랑이, 이제 그때까지만 해도 애들이 이제 많이 몇 명씩 살아 있다고 그런 소리가 들리고, 그 배를 요만큼 남았을 때 보는 순간 신랑하고, 애 아빠하고 '아… 애들 못 살겠구나' 그 생각이 딱 드는 거예요, 그 배 모습을 보고. 그거 보고 둘이서 그냥 그때부터는 '그냥 시신이라도 이렇게 건질 수 있으면 행복할 것 같다'고 그때 그… 딱 배 모습 보고 저희는 그렇게 생각을 했어요. '아, 애들이 이런 상황에서는 못 살겠구나…'.

면담자   좀 다른 걸 여쭈려고 하는데, 1반 부모님들 중에 누가 제일 적극적으로 이야기도 모으고 그렇게 하셨어요?

소영 엄마   저희가 처음에는 팽목항에 계신 분도 있고, 1반 회의를 하는데, 그때는 뭐… 처음에 우리 할 때, 뭐 이제 서로 막 반 회의 하고 이랬을 때, 뭐 지성이 아버님, 김수진 아버님, 다 그때 보고 서로가 그때는 다 얘기하고 그러고, 한 번씩 애들 찾아서 올라가면 대표가 딴 사람으로 바뀌고, 전부가 그랬거든요. 그냥 찾아서 올라가신 분도 가면, 그다음에 또 대표해서 또 모여서 또 회의, 얘기하고….

면담자   어머님 계셨을 때는 누가 대표였어요?

소영 엄마   연화 아빠하고 저희 신랑하고 번갈아가면서 하고 그러다가 저희 찾으니까 그다음에는 또 거기 이제 남으셨던 분이 하셨던 것 같아요.

면담자   옆에서 같이 보셨을 것 같은데, 소영 아버님이 그러면 대표 역할을 하실 때는 주로 뭐 어떤 걸 하셨어요?

소영 엄마   그러니까 이제 회의 이런 걸 듣고 이제 부모들한테 전달. 부모가 하면은 전부 다 못 가니까 대표분들이 얘기를 하면 그 소식 얘기해 주고 이런 거 하고 또 상황 이제 그런 거 설명해 주고 그랬던 것 같아요.

면담자   소영이 올라오기 전에 회의나 전달 사항 가지고 소영 아빠가 됐든 다른 부모가 됐든 전하는 이야기를 들은 것 중에 기억에 남는 게 있으면 말씀해 주시면 좋을 것 같습니다. 해수부에서 뭘 어떻게 한다든지 그런 것들.

소영 엄마   그런 거를 저희 애 아빠가 그런 거를 거의 해가지고 제가, 저는 소영이 찾을 때까지 너무 그래 가지고 거의 자리에 아들하고 있어 가지고요, 제가.

면담자   그리고 아마 매일같이 해경에서 그 브리핑을 했었죠?

소영 엄마   예… 브리핑, 예, 예.

면담자   그 브리핑을 들으시면서 느낌이 어떠셨어요?

소영 엄마   그때 느낌은….

면담자   해경이 정말 열심히 아이들을 찾는다는 느낌이셨는지?

소영 엄마   아니, 아니 답답해 가지고, 부모 입장에서 이렇게 빨리빨리 해줬으면 좋겠는데 그 사람들은 맨날 우리가 그 입장에서 보면 말도 안 되게 맨날 하니까 부모들은 애가 탔죠. 빨리 한순간이라도 한 명씩이라도 더 그래도 애들이 좀 괜찮을 때 그래도 해야 되는데, 해경들 얘기할 때 다들 부모들 열받았을 거예요, 전부 다들. 그 상황에서 그 앞에 막 가가지고 다들 열받아가지고 다들 소리들 지르고 여기저기 하고.

면담자   그 며칠 후에 이제 대통령이 내려오죠. 그 상황은 보셨습니까?

소영 엄마   예, 보고, 보았고, 거기.

면담자   준비하는 과정이라든지 대통령 와서 이야기하는 것이라든지 기억이 나는 게 있으면 편하게 말씀해 주시면 좋겠습니다.

소영 엄마   대통령 왔을 때 그 옆에, 그 옆에 사람 저기 할 것, 길에 다 서가지고 대통령 거기에 들어갈 뭐 하고, 맨날 그때는 대통령이 그냥 다 잘할 것… 그냥 대놓고 잘할 것같이 그냥 그랬어요. 다들 그냥 뭐 자기 뭐 저 해경들한테 빨리빨리 하라고 그러고, 뭐 대통령 오니까 거기 옆에 분위기가 틀려지잖아요. 다들 얼마나 부모님들이 기대를 크게 했는데, 막상 닥친 건 그게 그렇게 아니었으니까…. 그리고 뭐 말도 안 되는 사건, 사고도 워낙 많아 가지고요, 그때 막 이상한 사람 있어 가지고 또 한 번 뒤집어지고 그런 상황도 있었고….

면담자   이상한 사람이라면?

소영 엄마   예, 거기 부모라고, 어떤 남자분, 학부모라고 그랬는데, 이제 아니었던 사람도 있었고. 그러니까 너무 막 거기 일주일 있으면서 어떻게 막 하루하루가 어떻게 바뀌었는지를 맨날 브리핑해도 똑같은 소리만 계속하니까, 달라지는 게 없잖아요. 그러니까 들으나마나 뭐 상황이 조금씩 바뀌어야 되는데 그게 아니고.

면담자   진도대교를 넘어서 청와대로 가자고 행진했을 때도 기억이 나시죠?

소영 엄마   예, 그때도 했으니까 같이, 전부. 그때는 전부 다들 부모님들 그때는 다 한마음이었으니까, 다.

면담자   소영 어머니는 누구에게 가장 처음 얘기를 들었습니까?

소영 엄마   그때에 누가… 누가 그랬지?

면담자   하여튼 1반에 누가 얘기를 해서 이제 같이 움직이셨 겠네요?

소영 엄마   아니요. 그때는 1반이 이게 아니고요, 그냥 어느 분이 이러면 다들 단합이 잘됐던 것 같아요. 왜냐하면 우선은 내 애에 대한 얘기니까. 그래서 전부 다 그때 거의 막 다 많이 아프신 분 아니면 거의 다 걸어서, 걸어서 거기 다리 있는 데까지는, 가기 전까지는 다들 갔던 것 같아요, 다들.

면담자   본격적으로 걷기 전에 무슨 차에 해수부 장관이었나, 누가 와서 자기가 다 책임지겠다는 식의 얘기를 하고 했던 장면은 기억이 나십니까?

소영 엄마   예, 그 앞에 출발하기 전에, 그 앞에 밑에까지 갔을 때 거기서 그랬는데, 그것도 안 되고 저기 하니까 그냥 다들 올라가자고 그랬죠.

면담자   결국은 아이들 부모님들을 설득하려는 사람들의 이야기를 신뢰할 수 없었다….

소영 엄마   예, 예. 전부 다 그래 가지고, 왜냐하면 계속 지켜봤잖아요. 체육관에서도 그렇고, 뭐 한다고 그래놓고 막상 된 거는 없으니까 믿을 수 있는 사람이 없는 거죠. 뭐 말로만 다 금방 저기할 것같이, 말로는 다 그러다가 그게 안 지켜지니까 상황이 뭐 그래 버리니까.

면담자   그러면 청와대로 가서 대통령한테 요구를 하면 문제
가 풀리리라고 생각을 하셨습니까?

소영 엄마   그냥 조그만 희망이었던 것 같아요. 만약에 그런 기
대도 만약에 없었으면 부모들이 힘들었… 그냥 힘들었을 것 같은
데, 그냥 되든 안 되든 간에 하나의 희망, 그래도 우리나라의 대통
령이고 그러면은 조금 뭐가 틀려질 줄 알았지, 이 상황이 이제 틀
려질 줄. 그 당시만 해도 그래도 기댈 수 있는 사람이 대통령밖에
없었으니까… 뭐 누구하나 저희 말을 저기 하는 사람도 없고, 그나
마 하나의 끈이었고, 그냥 마지막 잡고 싶은 그런 기대감 때문에,
아마 대통령을 만나서 해결이 되든 안 되든 그래도 만나서 얘기하
면 달라질 줄 알았던 거죠, 전부 다들 기대를. 빨리빨리 부모들 말
은 잘 안 듣고, 잘 안 해주고, 안 듣고 그냥 그래 버리니까, 조금이
나마 희망을 갖고 이제 전부 다들, 그래도 만나서 우리 유가족들
대표들하고 얘기하면 뭐 하나라도 좀 풀릴 것 같은 기대감으로 전
부 다 그 당시에는 그랬던 것 같아요.

면담자   진도대교에서 이제 경찰에 막혔잖아요. 그때 느낌이
어떠셨어요?

소영 엄마   아… 막히, 저희 그때는 저희 남동생도 있고 올케도
있고 그랬어요. 다 걸어간 거예요, 전부 다들. 그런데 답답하죠, 답
답. 그냥 뭐 이거를 닥쳐보지, 진짜 모든 것에 내가 닥쳐봐야 그 마
음을 안다고, 경찰들은 무슨 뭐… 그 사람들도 시키는 대로 하겠지

소영 엄마 김미정

만, 뭐 막아서는 그 뭐 자체도….

면담자　　　소영이 잃기 전에 그렇게 행진하면서 시위해 보신 적 있으세요?

소영 엄마　　어, 그렇게 많지는 않고요. 저희 노조….

면담자　　　노동조합 할 때?

소영 엄마　　저희 애 아빠 할 때 그거 행진, 그런 거는 해봤어요, 그냥. 그리고 올라가서 막 말 그것도 해봤는데….

면담자　　　발언?

소영 엄마　　예, 그때 처음 해봤, 그때는 뭣 모르고 그때는 했고, 이번에는 진짜 내 마음에 애 때문에 행진도 그렇고 뭐 여기서 뭐 국회까지 그때 걸어갈 때도 해봤는데, 그때하고 또 마음이 틀리죠. 그때하고 마음가짐이, 이렇게 뭐 그때는 저기 해도 됐다면, 지금은 지금 이렇게 할 때는 마음 자체가 틀리니까, 워낙 그게 틀려 버려 가지고….

면담자　　　진도체육관에서 매일같이 버스를 타고 한 30분 걸리는 팽목항을 왔다 갔다 하셨는데, 아침에 팽목 가는 버스를 타고 앉아 있었을 때 심정이 어떠셨어요?

소영 엄마　　'오늘은 올라왔으면' 맨날 그 마음이었던 것 같아요. 그냥 '오늘은 빨리 안산 가자', '오늘은 올라와 가지고 안산 가자' 맨날 그 마음으로. 그리고 막 누구 애들 올라왔다 그러면 그거 또 확인하러 밤이고 갔으니까요. 누구 올라왔다고 그러면 확인하러 가고, 모든 부모들 그냥 내 자식이었으면 하는 바램으로 전부 다 얼굴을 다 봤어요. 진짜 소영이 찾기 전까지 애들을, 옛날에는 그렇게 그럴 용기도 없었을 것 같은데, 지금 그, 하면서는 애들을, 올라오는 거를 하나같이 다 본 거예요. 우리 자식이라는 희망을 하나씩 갖고, 얼굴 확인 다 하고 팽목항에서, 밤에도 저기 했다고 그러면 가서 확인하고 뭐 그랬죠, 소영이 찾기 전까지는.

면담자   팽목에 버스를 내리면 주로 어디 가 계셨습니까.

소영 엄마   거기 이제 천막 같은 데 거기에 이제 아시는 부모님들 있고 그런데 가서 얘기하고, 같이. 커피 마시면서 얘기하고 또 아니면 부둣가 있는데 거기에 앉아 있고 그랬죠, 뭐. 거기에, 딴 데는 그냥 못 가, 바닷가 있는데 거기 그쪽에.

면담자   부둣가 맞은편에 '유가족용' 이렇게 비닐 천막 같은 게 몇 개 있었거든요. 거기에 주로?

소영 엄마   처음에, 예, 처음에 이제 이쪽에 있을 때 처음 첫날에 이제 팽목항에서 지냈는데, 그때 비가 엄청 많이 왔을 때예요. 그 안에 천막에, 이제 막 잠기고 들어오고 이래 가지고, 그래서 아마 그때 그래 가지고 체육관으로 간 것 같아요, 너무 많이 와가지고. 그래서 체육관에 가고, 그러고선 이제 천막이 이제 하나씩 하나씩 더 생겼죠. 식당가도 생기고, 저쪽에 생기고, 나중에는 소영이 찾고 올라와서 이제 그때도 우리 부모님들, 안 찾은 애들 있으니까 이제 내려갔어요. 근데 그게 찾는 사람하고 안 찾은 사람하고, 이게 어떻게 표현할 수 없는 그 거리감이 생겨, 생겨요. 그냥 뭐, 그냥 어쩔 수 없는 거리감이라고, 그러니까 지금하고 똑같은 것 같아요. 지금도 팽목항, 뭐 가서 은화 엄마… 뭐 같은 반이니까 가면은 얼굴 보고 하는데, 그 거리감은 그때 찾은 사람하고 못 찾은 사람하고, 지금하고 또 그런 차이가 있어서. 처음에 소영이 찾기 전까지야 거기 아는 사람들하고는 막 얘기하고 그랬죠. 그냥 부담, 서로가 같은 입장이고 막 이래서, 못 찾은 사람한테 또 찾을 거라고 그러고.

면담자   팽목항이 굉장히 열악한 상황이었잖아요, 여러 가지가. 뭔가 좀 개선해 달라고 요구하고 이런 일은 없었습니까?

소영 엄마   물 차고 막 그럴 때 이거 해달라고 그러고, 그다음에 거기가 처음에는 자리도 안 좋았어요. 그래서 그것도 체육관은, 거기는 다 잘, 물품도 잘 오는데, 팽목항은 안 오는 거예요. 그날 처음, 그다음 안 와가지고 우리가 자리도 막 달라고 그러고, 여기 비 많이 올 때, 비 여기 좀 어떻게 막아달라고 그러고, 비가 천막 안으로 이렇게 계속 들어오니까 거기 뭐 나무 이렇게 기대고, 바닥에 까는 거 나무… 이렇게 하고, 이렇게 바닥 그 덮는 것, 물 못 올라오게 이런 식으로, 비가 워낙 물도 많이 들어오고 그래 가지고, 그래서 그거 어떻게 해달라고 그러고.

면담자   사실은 공무원을 비롯해서 인원은 엄청….

소영 엄마   너무 많았어요.

면담자   엄청 많지만….

소영 엄마   그냥 뭐 예, 오히려 유가족보다 더 많았어요, 더 많아. 뭐 기자들도 많고, 거기 유가족이 만약에 두세 명이면 딴 사람들이 뭐 더 많았으니까요. 워낙 많아서….

면담자   사람이 그렇게 많았음에도 불구하고 텐트 하나 보수하고 하는 것도 빨리빨리 효율적으로 되지는 못했지 않았나 여쭙는 겁니다.

소영 엄마   예, 너무 팽목항 쪽에는 나중에 이제 저기 했지, 처음에는 너무 안 좋았어요. 그저 그냥 천막 요렇게 요렇게 있는데 부모들 그냥 거기, 거기 가서 애 기다리고 앉아가지고 거기에 기다리고, 또 춥고 바람도 많이 불고, 왜 그해에는 그렇게 추웠는지 몰라요, 4월 달인데. 진짜 추워 가지고 거기 그 안에 다들 거기 있다가 또 나가고 교대하고 그랬으니까요. 너무 열악했어요, 거기 처음에는.

면담자   그때 공무원들을 많이 보셨을 텐데요. 정부나 공무원들에 대해서 어떻게 생각을 하셨어요?

소영 엄마   참 우리나라가 문제기는 문젠데요. 공무원들도 그때는 그냥 자기 직업상 그냥 하는 거잖아요, 직업으로. 왜냐하면 부모들 입장하고 전혀 틀리니까, 그냥 뭐 하나, 저기 뭐 하나 부탁하

소영 엄마 김미정

면 그때는 뭐 바로바로 안 해줬던 것 같아요. 뭐 나중에 이제 뭐 막
해야 뭐 해주고 그래서, 아….

4
소영이의 발견과 장례

면담자   소영이 올라온 얘기를 조금 하겠습니다. 소영이 올
라왔단 소식을 언제 어디서 들으셨어요?

소영 엄마   그때도 이제 애들 막 그날 많이 올라오고 그 전날도
뭐 그래서 이제 기대하고 있었는데, 소영이 비슷한 옷차림이 이렇
게 방송 자막에, 이제 체육관에 있는데 뜨는 거예요, 비슷하게. 그
래서 내가 이제 소영이 옷을 사줬고, 또 하필이면 소영이가 그때
이제 놀러, 이거는 앞뒤가 안 맞는데, 수학여행 가기 전날 저녁, 아
니 배 타면서 저녁에 출발하기 전에 인천 거기서 전화가 온 거예
요. "엄마 아이씨 생리가 터졌어" 그러면서 전화가 온 거예요. "엄
마 이거 사러 가야 돼" 전날 통화를 소영이랑. 그래서 애가 이제 거
들하고 입었었나 봐요. 그래서 자막에 그게 뜬 거예요, 이렇게 두
개. 그래서 '아, 소영인가' 생각이 딱 든 거예요. 왜냐하면 애가 했
으니까 분명히 두 개 입었을 거고, 속옷을 두 개 입었을 거고, 또 옷
도 이제 내가 챙겨줬으니까는 입은 것도. 근데 이제 소영이가 왼쪽
에 이렇게 점이 있어요, 좀 큰 점이. 손목에 이렇게 약간 머리카락

처럼 자라는 점이 요만하게. 옛날에 빼줄려고 했는데 흉터 생긴다고 안 빼줬는데, 그거를 이제 물어봤어요. 다 비슷한데, 그래서 그거를 물어보니까 그것도 또 한참 걸려요. 이게 점, 그래서 조금 지나니까 점이 있다고 그래 가지고 소영이라고 확신하고 바로 갔죠, 팽목항으로.

면담자   도착했을 때 소영이는 어디 있었습니까?

소영 엄마   천막 안에 그때….

면담자   안치소?

소영 엄마   예, 예. 안치소 천막 안에 애들이 그때 몇 명 이렇게 누워 있었는데, 딱 봐도 소영이인 거예요, 진짜 살아 있을, 진짜 그 모습. 딱 들어갔는데, 아… 신발은 안 신고, 신발은 없었고….

면담자   몇 번째에 있었어요, 중간쯤?

소영 엄마   아니요, 아니요. 끝에 가에 있었나? 끝에 한 명 있고 이쪽에 중간은 아니었던 것 같은데….

면담자   음, 끝은 아니었는데, 끝에서 두 번째나 세 번째 있었는데, 멀리서 들어오면서부터 딱 소영이인 줄 들어왔네요.

소영 엄마   예, 예. 진짜 소영이인 거예요, 딱 들어갔는데. 그때는 어떻게 말할 수가 없어요, 아유….

면담자   그때는 누구누구 갔어요? 소영이 어머님하고 아버

소영 엄마 김미정

님하고?

소영 엄마　　　아들하고 남동생하고 넷이 이제 있었어요. 그래 가
지고 이제 넷이 갔는데, 저희 아들이 그날 처음 울더라고요, 그날
소영이 모습 보고.

면담자　　　소영이는 그때 나와서 비교적 깨끗하게?

소영 엄마　　　예, 예. 마스카라 한 게 그대로 있었어요. 입술 바른
것도 그대로 있고. 그냥 잠자는 모습 같아요. 다만 어디 부딪혔나
봐요. 코가, 여기가 멍이 들었어요. 그래서 코가 약간 나중에 이렇
게 염할 때 솜 넣으니까 주저앉길래 콧대가 뼈가 나갔었나 봐요,
어디 부딪혀가지고 아마. 근데 진짜 멀쩡히 잠자는 얼굴 같은 거예
요. 다 멀쩡하고 손도 그냥 물에 있어서 조금 쭈글쭈글하고.

면담자　　　그래서 어떻게, 만져는 봤어요?

소영 엄마　　　예, 예. 만져보고 안아도 보고. 실감이 안 나, 그때
보니까 실감도 안 나고, 너무 멀쩡하게 나와가지고 그게 너무 가슴
이 아팠어요. 그냥 어떻게 일주일 만에 나오는데 화장도 그대로고
마스카라도 그대로고, 립스틱 바른 것도 그대로고. 다만 여기 이제
멍만 조금 들고, 이제 요긴가 여긴가 몸에 멍… 그러고는 너무 깨
끗한, 그냥 잠자는 모습인 거예요, 그냥 잠자고 있는 모습.

면담자　　　그렇게 확인을 한 다음에는 어떻게 합니까? 그냥 그
러고 밖에 나가서….

소영 엄마   예, 기다렸다가, 소영이 이제 안산으로 이제 와야 되니까, 장례식장으로 와야 되니까….

면담자   소영이를 만나고, 이제 나가서 기다리시면서, '아… 이제 소영이가 정말 갔구나' 이런 생각이셨어요, 어떠셨어요? 아직 그때도 실감이 안 나시지 않았을까 싶은데….

소영 엄마   그냥 얼굴이 너무 멀쩡해 가지고요, 아직. 솔직히 장례식장에서 마지막 보낼 때, 이제 그때가, 이제는 진짜, 저기 이제 그때는 그냥 옆에 있는 애 같아, 너무 멀쩡해 가지고. 그냥 엄마 옆에 있는 애 같은 거예요, 그냥. 말만 안 할 뿐이지 그냥 옆에 같이 있는 애. 예, 그냥 같이 멀쩡하게 있는 애 같았어요, 그냥.

면담자   그다음에 어디로 가셨어요.

소영 엄마   안산 뭐 여기저기… 그 당시에는 너무 꽉 차가지고.

면담자   아니, 안산 올라오시기 전에요.

소영 엄마   저기 예, 목포에.

면담자   목포에 한국병원?

소영 엄마   예, 목포 한국병원에 가가지고 그거 확인하고.

면담자   한국병원까지는 어떻게 이동하셨습니까?

소영 엄마   어, 차가, 소영이 저기 하고, 저희는 차 있어 가지고 남동생 차 그거로, 아들은 그거 타고, 저희는 소영이 그거 타고.

소영 엄마 김미정

면담자   그때도 119차로?

소영 엄마   예, 예. 119차로 움직여서 저희는 이제 소영이 거기
에 같이 타고 가고.

면담자   소영이가 이제 가운데 눕고 식구들은 양쪽에 소영이
를 계속 보면서 진도에서 1시간 걸리는 목포 한국병원까지 가신 거
네요?

소영 엄마   예.

면담자   그때 119차 뒤에서 같이 타고 가면서는 조금 덜 우셨
어요?

소영 엄마   예, 그때는 조금 덜 울었던 것… 처음에 너무 보고서
기가 막힐 정도로 너무 막 그래 가지고, 그때는 울기는 울었어도
막 처음 때보다는 그렇게 많이 안 울었던 것 같아요.

면담자   참 만감이 오가셨을 것 같은데… 한국병원에 도착해
서 소영이를 병원 안으로 옮겨야 되지 않습니까? 누가 옮겼던 걸로
기억하세요? 혹시 119 대원들이 했습니까?

소영 엄마   예, 119 대원들이 거의 확인하는 데까지 했던 것 같
은데, 저희 마지막으로 애들 확인, 이제 절차에 119 대원들이 그때
는….

면담자   그럼 119 대원들이 소영이를 데리고 병원 안으로 들
어가고, 그리고 가족들은 따라서….

소영 엄마   예, 밖에 조금 있다가 소영이… 애라는 거 확인하는, 절차하려고 밖에 있다가 들어가서 확인하고.

면담자   병원 안에서 소영이는 어디 있었습니까, 가보시니까?

소영 엄마   1층, 아니 지하 쪽인가? 이렇게 하는 데가 있더라고요, 1층인가 지하. 예, 거기에.

면담자   비교적 좀 안정된 곳에 있었습니까? 복도에 있다든지 그런 일은 없었고요?

소영 엄마   그건 아니고요. 그 안에서 있었어요.

면담자   DNA 검사 끝날 때까지 대체로 시간이 어느 정도 걸리는 걸로 기억나세요?

소영 엄마   금방 했던 것 같아요, 확인. 왜냐하면 이제 좀 애매하신 분, 나중에 하시는 분들은 좀 오래 걸렸다고 하더라고요. 그런데 저희 같은 경우는 너무 저기 했던 애라, 그래 가지고 그냥 저희는 바로 확인이 가능, 점도 그렇고 모든 게 가능해서 DNA 검사만 조금 저기 했지 다른 거는, 너무 우리 저희가 자세히 알고 있는 그 정도로 그랬기 때문에, 저희는 그래도 대체적으로 빨리 끝난 편이었어요.

면담자   혹시 진도체육관에서 DNA 사전 채취한다고 하셨을 때….

소영 엄마   예, 저희 했어요. 저희하고, 그래야 또 빨리 한다고

소영 엄마 김미정

그래서 저희는 DNA 그거 했죠, 채취를.

면담자   알겠습니다. 그러면 이제 한국병원에서, 안산에서 오시는 건데, 어떻게 이동을 하셨습니까?

소영 엄마   그것도 구급차 타고 왔어요.

면담자   진도에서 목포로 오는 것과 같은 방식으로, 119차를 뒤에 타시고 안산으로 올라오신 거네요. 4시간, 5시간 걸리는 굉장히 긴 시간이었을 텐데….

소영 엄마   그런데 너무 빨리 온 것 같아요. 그냥 이렇게 길게 안 느껴지고 너무 빨리 온 것 같은 게, 그런 느낌. 차로, 뭐 기분에 그래서도 있는데, 빨리 온 것 같은데, 길게는 안 느껴졌던 것 같아요. 그냥 그때는 식구들이 또 많이 있었으니까, 올라올 때 소영이 찾았다고 했을 때도 많이 내려오고 그래 가지고, 그때 올라오면서 금방 지나간 것 같아요. 소영이하고 이제 마지막 저기인데 왜 이렇게 차가 빨리 왔는지 모르겠어요. 그 정도로 빨리 지나갔… 빨리 그냥 느낌에 너무 빨리 온 것 같애…….

면담자   헤어지기 싫었던 건가요?

소영 엄마   그냥 오래 같이 있고 싶은 마음이었던 것 같아요, 그냥. 일주일 만에 보는데 너무 빨리빨리 지나가 버리니까…….

면담자   안산에 왔을 때 장례식장은 어디로 결정이 돼 있었습니까? 아니면 어머님, 아버님이 제안을 했습니까?

소영 엄마 　　아니요. 그때 너무 많아 가지고 집 가까이에도 없어 가지고, 군자 장례식장인가? 저쪽에 안산역 있는 데, 예, 거기 그쪽으로 그냥 거기서 보냈어요.

면담자 　　그 장례식장을 정하는 거는 누가 했습니까? 아버님이 정하신 것 같은데….

소영 엄마 　　예, 저나 시청 직원분들이 여기저기 계셔가지고, 그분들하고 또 자리가 비는 데 가고, 그래 가지고 애 아빠가 거의 하고, 저는 그냥 옆에 따라만 다녔던 것…….

면담자 　　군자 장례식장에 119차가 도착을 했을 때 소영이를 장례식장 안으로 옮겨야 될 것 아닙니까? 그러면 아마 119차 안에서 소영이를 들어서 내릴 때는 119에서 쓰는 들것 같은 걸로 옮겼어요? 그 상황이 기억이 잘 안 나시면 말씀 안 하셔도 됩니다.

소영 엄마 　　예, 그때는 저는 막 그런 걸 막 자세히 그것까지 이렇게, 예, 그런 거는 생각을 아예 못 했던 것 같은데, 그냥 오로지 소영이만 있어 가지고 뭐에 들고 옮겼는지 어떻게 했는지를 지금….

면담자 　　장례식장 안으로 소영이를 데리고 간 사람은 소방대원들은 아니었고 장례식장 직원이었죠?

소영 엄마 　　거기 직원분들이었던 것 같은데…. 그리고 차가 거기 장례식장 가기 전에 애들 그거 하는 차가 입구 있는 데까지 차가 들어가더라고요. 바로 옆에 있는 식으로 밑에, 예, 그랬던 것 같아요, 그냥. 뭐에 자세히 그거를 생각, 그거를 기억을 할 수는 없는 것 같아요, 뭐에 했는지.

면담자 　　　그러면 이제 장례식장 도착해서 소영이는 다른 데로 가고, 이제 장례식장 안에서 소영이가 있을 장소가 있었겠죠? 그리고 이제 엄마 아버지는 장례식장 안으로 들어가시고 이런 상황인 거죠?

소영 엄마 　　　예, 예. 이제 들어가고….

면담자 　　　장례식장에 갔을 때는 어떠셨어요? 누가 있으셨어요?

소영 엄마 　　　가족들하고, 가족들… 우리 있었죠, 그때 다들.

면담자 　　　뭐 교육청 직원들이라든지….

소영 엄마 　　　아, 그런 분들은 계셨어요, 시청 직원분들도 계시고 교육청 직원분들도 계시고. 그분들이 빨리빨리 이렇게 일처리 빨리 해가지고 바로 할 수 있게, 어디든지 계셨던 것….

면담자 　　　소영이를 어디로 데리고 갈 것인지 이런 거에 대한 상의 등은 소영 아빠가 주로?

소영 엄마 　　　예, 주로. 저는….

면담자 　　　어디로 갔어요, 소영이는?

소영 엄마 　　　효원.

면담자 　　　효원으로….

소영 엄마   그때 효원으로, 거의 애 아빠가 하고, 그리고 효원에 그때 여동생이, 아니 화성에 여동생이 사니까, 저희는 가까운 데를 한다는 게 거기가 된 거죠. 뭐 여기 좋고, 뭐 시설 이런 걸 따진 게 아니고 여동생이 가까이 있으니까 아무래도 자기가 자주 왔다 갔다 할 수도 있고, 자주 거기서 그러니깐, 그래서 이제 화성으로 가게 됐죠.

면담자   그럼 이제 장례식장에서 소영이와 떨어져 있는 상태가 된 것 아닙니까, 그때?

소영 엄마   거의 장례식장에서는 아무것도 못 먹고 그랬던 것 같아요, 그냥.

면담자   이제 이별이 실감이 나시는 그런 상황이었나요?

소영 엄마   예, 조금씩 조금씩 이제 보내야 되니까, 그거를 뭐 준비해야 되는 과정이니까….

면담자   어머님은 장례식장에 앉아 계시면서 소영이를 떠나보내는 마음의 준비를 하고 계신 거네요?

소영 엄마   예, 거의 뭐 준비를 안 한, 해야 되니까 마음의 준비를… 실감은 안 나지만 준비를 조금씩은 아마 했던 것 같아요, 소영이를 찾고 올라올 때도. 나는 은화를 이렇게 못 찾을 줄은 몰랐어요. 그때 은화 엄마한테도, 이제 그전 처음에 은화 금방 찾을 거라고, 소영이 이제 같이 그 전날 못 찾을 때 그랬는데, 소영이는 그

소영 엄마 김미정

다음 날 딱 올라온 거 아니에요? 또 은화 엄마한테는 은화 금방 찾을 거라고 그랬는데 지금까지 못 찾으니까, 그런 마음도 아프고….

면담자　　　소영이 입관이나 이런 거는 언제 했어요, 올라온 다음 날?

소영 엄마　　　예, 올라온 다음 날. 그때 아마 12시 전에 해가지고 이게 날짜가 그렇게 된 것 같아요. 조금, 그러니까 밤에 올라온 시간이, 찾은 시간이 있고 올라온 시간 따져보니까, 12시 전에 해버리니까 그다음 날 입관이 그렇게 빨리 했던 것… 얘가, 소영이가 그렇게 돼가지고, 예, 염하고, 예, 그다음 날. 좀 일찍 하지 않았나… 오후에 했나? 제가 그런 걸 자세히는 모르겠는데, 하여간 그랬던 것 같아요.

면담자　　　화장에 대한 거부감은 없으셨죠?

소영 엄마　　　예, 그거는 없었어요. 왜냐하면 애고 뭐, 부모, 만약에 부모가 떠나면 애는 뭐 그러니까, 그냥 저희는 깨끗하게… 그리고 거의들 화장을 하서가지고….

면담자　　　소영이가 효원에 갔을 때는 다른 아이들도 있었어요? 아니면 소영이 혼자였어요?

소영 엄마　　　그때 소영이 시간대에 소영이 혼자였던 것 같은데, 그 효원에. 그전에 워낙 애들이 거기에 자리를 잡고 많았거든요, 거기가. 그리고 소영이 그날 하는 날 그 시간대는 소영이 혼자였던 것 같아요. 뭐 오전에 뭐 있고 이럴 수는 있는데, 소영이 혼자….

면담자   얼마나 걸렸어요?

소영 엄마   자리, 이제 아빠랑 있고, 삼촌들이랑 가서 자리 이제 보고, 처리가 빨리 끝나가지고, 그러니까 이 애들의 배려 때문에 아마 빨리빨리 해주신 것 같아요, 그냥 저기를. 예, 빨리 끝났어, 빨리 끝났어요.

면담자   예, 이제 화장이 끝나고 소영이 이제 유골을 이렇게 직접 보시고 함에 담고 이렇게 하셨습니까?

소영 엄마   저희 아들이… 예, 저희 아들이 하고, 그러고….

면담자   아… 엄마, 아빠는 못 하시고….

소영 엄마   예, 그 옆에… 그러고 저희 아들이 소영이 이제 화장할 때, 다 옆에 너무 지치고 장례식장에서 이러고 전부 다 그랬는데, 저희 아들이 울면서 화장 끝날 때까지 서 있는 거예요, 그 앞에서. 그냥 동생 이제 마지막 진짜 보내니까 거기 앞에서 그, 다 끝났다고 할 때까지 거기 서가지고 그냥…. 그러니까 형제들한테도 상처고, 이게 부모한테도 상처고, 서로가 그래 버리는 상황이어 가지고….

면담자   오빠가 아주 큰일을 했네요.

소영 엄마   그 얘기를 하더라고요. 동생 마지막 가는데 안 앉아서, 막 앉으라고 그러니까, 안 앉아도 된다고….

면담자   그 효원의 자리는 마음에 드셨어요?

소영 엄마   예, 햇볕은 우선 잘 들어오는 자리로 괜찮고….

면담자   그러면 이제 효원에 자리 잡고, 의식 비슷하게 하고
집으로 오셨겠네요?

소영 엄마   예, 그거 하고 지금 뭐 소영이 사진하고 뭐 이런 거
하나씩 그리고, 가까우니까 자주 한 달에, 못해도 엄청 자주 가는
편이고요. 소영이 생각나거나 소영이 보고 싶거나 그러면 자주 거
의 화성이나, 아들 오기 전에는 거의 매일 갔던 것 같아요, 여동생
차로 그냥. 왜냐하면 가까우니까 가서 소영이 얼굴 보고 오고, 그
냥 드라이브 삼아 갔다가 얼굴 보고 그렇게 오고….

5
소영이 장례 이후의 생활

면담자   그날 소영이 화장하고, 효원에 잘 자리 잡아주고, 이
제 집으로 오셨을 텐데, 집으로 오셨습니까? 아니면 동생 집에?

소영 엄마   아니요, 집에. 집으로 왔는데, 근데 시댁 식구들이
있었으니까, 그때, 집으로 와서, 그때그때 생각하면 나 개인적인
이런 거하고 틀린데, 시부모님들이 계시잖아요. 진짜 그때는 소영
이 효원에 보내고 마음이 너무 아프고, 그런데 어차피 식사는 해야

되니까 옆에 근처에 식당을 갔어요. 〈비공개〉 지금도 마음 같아서는 소영이 방에 들어가면 지금도 소영이가 금방 웃고 막 깔깔거리고 나올 것 같아요, 그냥 금방. "엄마 뭐 했어?" 그러고 막 이러고 올 것 같은데…. 〈비공개〉

면담자   근데 어머니 말씀 들으면 친정, 특히 여동생이 너무나….

소영 엄마   예, 잘했어요.

면담자   너무나 좋은 위안자 역할을 한 것 같은….

소영 엄마   예, 저 있고 아들, 애기 아빠하고, 그러고선 아들 군대에 있을 때 저한테 힘을 제일 많이 준 게 여동생이죠. 같이 이제 걔네 집에 있으면서… 〈비공개〉 친정 쪽은 뭐 한마디를 하려 해도 저에 대한 배려를 먼저 생각하는 그런…. 그러니까 내가 이렇게 힘들게 지금 뭐, 저 있는 데서 이제 소영이 얘기도 조금 안 하고, 좀 배려도 많이 해주고, 나 힘들까 봐 계속 전화해서 "괜찮지?" 뭐, 남동생도 뭐 "누나 괜찮지?" 이러고, "누나, 밥 먹었어?" 이러는데…. 〈비공개〉

면담자   제가 아까 한 가지 질문한다는 게 빼먹은 게 있어서요. 소영이 입관할 때 관 안에 뭐 넣어주셨습니까?

소영 엄마   예, 그거는 애 뭐 하라고 넣어주고 소영이 좋아하는 거 넣어줬는데 그게 이제 입관, 어차피 화장해야 되는 거라고 해서 화장품 같은 간단한, 그건 어떻게 구입, 어떻게 할 수 없으니까, 그냥 무난한 거 해주고, 돈 넣어주고 그러고….

면담자   소영이는 화장품이네요?

소영 엄마   아이 그거에… 걔가 어느 순간부터 화장을 하더니 꾸미는 걸 좋아해 가지고, 오죽하면 그 사고 터졌는데 구명조끼 입고 화장품 그 케이스 챙겼다고 이모한테 자랑할 정도로, 그렇게 활발, 그냥 성격이 그렇게 활발했던 애고 그러니까, 그래도 우선 좋아하는 게 뭐 그런 거 뭐 이런 거니까, 우선 당장으로는 해줄 수 있는 게 화장할 때 소영이 좋아했던 것 그런 것 넣어주고….

면담자   삼오는 어떻게 하셨어요? 효원으로 가서 삼오제는 하셨어요?

소영 엄마   예, 삼오제는 저희 시댁 쪽에서 절을 믿으셔가지고 그래서 했죠.

면담자   불교식으로?

소영 엄마   예. 근데 불교든 뭐든 그때는 뭐든지 다 모든 부모가 다 해주고 싶었을 것 같아요. 뭐 애한테 가서 애가, 저기 좋게 말하면 애한테 마지막 순간이니까, 해주고 싶은 건 아마 다 다른 부모들도 다 그렇게 해주지 않았을까 해요, 애 마지막 저기라.

면담자   그 효원에 소영이 데려다 놓고 집으로 오셨을 때하고, 삼오제 끝내고 집으로 오셨을 때하고 또 마음이 달랐을 것 같아요.

소영 엄마   예, 삼오제는 진짜 이제 마지막, 마지막이라고 생각을 하니까 집이 너무 텅 비어버리는 것 같아요. 집에 아무것도 없이 그냥, 그냥 아무것도 없이 텅 빈 상태. 그냥 그러고 뭐 해야 되겠다는 그런 것도 이제는 없고, '진짜 마지막이구나' 공허, 그냥 마음이 그냥 붕 떴다고 그래야 되나? 그 정도로 그냥, 마음속에 맨날 소영이 생각만 하고, 그 집에 진짜 혼자 집에 들어가기가 싫을 정도로 그랬던 것 같아요, 그때 막.

면담자   소영이를 그렇게 보내고 누가 제일 원망스러웠습니까?

소영 엄마   학교에서 안개 그렇게 많이 끼고 그랬는데 수학여행 간… 학교겠죠, 학교. 그냥 그다음 날 가든지 아니면 그냥 그랬으면 좋았을 건데… 학교한테 아마 원망이 더 엄청 컸어요, 엄청 진짜. 하나의 결정만 그렇게만 안 했어도 이렇게 많은 애들이 이러지는 않았을 건데, 그 결정하는 한 순간에 모든 게 돼버린 거니까, 학교에 대한 원망이 제일 클 것 같아요.

면담자   한참 뒤의 얘깁니다만, 그런 소영이가 없음을 삼오 끝나고 느끼시고, 그 뒤에는 또다시 유가족들과 활동을 하시는데, 그 공허한 상태에서 '아, 이제 움직여야겠다' 하고 결심하시게 된 계기는 무엇이었어요?

소영 엄마   우리 애에 대한 일이잖아요. 그냥 그때는 뭐 내 애들에 대한 일이기 때문에 그때는 안 할 수가 없었어요. 뭐를 해도, 뭐 걷는다고, 뭐 한다 다 그러니까, 동참을 안 할 수가 없는 거예요, 그냥. 내 자식들을 위해서 하는데 그거를 나 몰라라 할 수는 없잖아요. 해야 되는 거고. 더 많이 못 한 게 좀 마음에 그렇죠. 그냥 할 수 있으면 많이 하고 싶어요. 뭐 내 애들이고 그다음에 또 나중에 또 이런 일이 또 없으란 법은, 세계적 뭐 사건 사고 뭐 이렇게 터지는 거 보면 또 뭐 좀 지나면 또 뭐 하나가 터지고 항상 그러잖아요. 그러니깐 우리 애들에 대한, 그냥 해주고 싶은 그런 부모, 어른으로서 좀 해야 되는 그런 것 때문에 그때는 뭐 이게 좋아서 뭐 하고 이런 게 아니고 그냥 다 해야 된다는 그런 게 더 많아서, 아마 다른 부모님들도 그래서 아마 그런 힘들고, 뭐 서울 가서 걷고 이래도, 힘들어도 다 그다음 날 되면 또 씩씩하게 다 올라가서 또 하고, 막 전부 다들 그랬던 것 같아요. 그냥 그때는 뭐 하나를 이렇게 바라고 그런 게 아니고 다들 내 자식 아니면 나중에 다시 아니면, 또 집에 또 딴 자식들이 있잖아요. 그런 것 때문에 그게 아마 애들이 아마 부모들한테 용기를 많이 주지 않았을까 해요. 마음… 뭐 엄마 부모들이 이렇게 할 수 있게끔 애들이 아마 큰 힘이 돼서 부모들이 아마 지금 열심히 하시는 분들도 그렇고 그런 것 같아요.

면담자　　　　삼오 이후에 소영이 보내고 소영이가 어디로 갔다고 생각하셨어요? 소영이가 완전히 없어진 거라고 생각하셨어요?

소영 엄마　　　그냥 내 마음속에는 있잖아요. 그냥 하늘이고 이런 게 아니고 그냥 내 마음에 항상 소영이는 항상 있다… 그거를 저희 아들 있는 데서는 표, 내색을 못 해요. 워낙 애가 막 그래 버리니까 내색을 못 하는데, 지금도 그냥 소영이 방에 들어가면 소영이 사진 몇 개 걸려 있고, 이렇게 보면 그냥 아… 이러면 안 되는데 그냥 멀리 좀 잠깐 어디 간 것 같은 그런…. 그냥 항상 내 마음속에는 한쪽에는 소영이가 항상 있어요, 지금도 그렇고. 뭐 종교적으로 하늘을 하고 뭐 이런 걸 떠나서, 아….

면담자　　　소영이 보내고 소영 엄마가 갖는 여러 느낌들에 대해서 조금 더 질문을 하려고 합니다. 우선 소영이랑 친했던 아이 중에서 살아 온 아이들이 혹시 있어요?

소영 엄마　　거의, 제일 친한 애들은 거의 없어요. 소영이랑 저희 집, 이제 저희 집이 학교에서 가까우니까 저희 집으로 뭐 먹고 저희가 뭐 해주면 먹고 이런 애들이 거의 다 갔어요. 그러니까 제일 친한 애들이 없는 거예요. 소영이가 지금 여기 이제 중학교를 광덕 중학교를 나왔잖아요. 그러니깐 거기 있으면서 고등학교 오면서 이제 거기 애들은 거기 고등학교 애들하고 친해지고 소영이는 여기에서 초등학교 애들하고 알게 되면서 연락했던 애들은 거의 뭐 지성이, 연경이, 뭐 예은이 거의 막 다 없어요, 없어. 그러니까 소영이 사진도요, 저는 못 찾았어요. 그런데 페북에 소영이 알던 애들이 하나씩 하나씩 뭐 올린 거예요, 사진을. 그래서 몇 개 핸드폰에 옮겨지고 있고 이러죠. 제일 친한 애들, 저희 집에 온 네다섯 이렇게 되는 애들은 없어요, 지금 다들 같이 그냥….

면담자　　　소영 엄마가 좀 친하게 지내던 다른 학부모 중에서 생존 학생 학부모는 혹시 있습니까?

소영 엄마   아는 언니.

면담자   어떻게 아는 언니?

소영 엄마   그냥 동네 살면서 알게 됐는데, 그 언니 아들 생존. 그러니까 그 언니 생존했다고 그러고, 그러고는 없는 것 같아요, 생존한 아이들. 제 아는 사람들도 자식 다 보내가지고….

면담자   그럼 그 언니분하고 생존해 온 그 아들하고는 혹시 만난 적은 있으세요?

소영 엄마   아니요, 언니만 이제 한 번, 한 번 우연치 않게 이제 통화. 그때 이제 나한테 "어떻게 지내냐" 이렇게 해서 카톡, 이제 초창기에만 하고, 그다음부터는 아마 거리가, 그 언니도 이쪽에서 이사를 가고 이러다 보니까, 아마 지금은 없어요. 그냥 저희 신랑 아는 1반에 생존자가, 생존자 대표하시는 분이 저희 신랑하고 또 아는 관계예요, 예, 예. 나도 그분은 몰랐는데 그러니까 거기서 다 알게 돼가서, 애들 이 사건 터지면서 애들은 알고 있는데 그 부모는 막상 모르잖아요, 애들끼리는 막 다니고 이러니까. 그러다 보니 "여기 가니까 저기 또 아는 애가 있네", 또 옛날에 같이 직장 다녔던 애, 또 9반에 보미 엄마도 "아니, 얘도 여기에 있네" 이러니 참 이게 아는 사람이 너무 많아. 이렇게 하다 보니까 너무 많아요. 내 친한 친구 애도 옛날 소영이 어렸을 때 위 아랫집 살던 애, 걔도 딸이 또… 가보면 너무 많아요, 아는 사람, 너무….

면담자   알던 언니하고는, 또 이사도 가시고 여러 가지 이유도 있었겠지만, 뭐랄까 생존 학생의 부모와 느끼는 어떤….

소영 엄마   감정이 틀려서 아마 그래서 거리감을 더 둔 것 같아요. 왜냐하면 우리 애들, 지금은 그래도 많이 좋아졌어요, 지금은 뭐 걔네들도 힘들었고 서로가 힘들었고 그런데, 초창기에는 '아 저기에 진짜 우리 애가 있었으면' 하는 부모들이 진짜 많았을 거예요, 생존자 애들 있는 데서. 그만큼 거기에 '우리 애 하나라도, 우리 애라도 저기에 있었으면' 하는 그런 것도 있고 그래서 거리감을 둔 것 같아요, 생존자 부모하고. 이렇게 하면 왠지 모르는 느낌이 서로가 피하게 되죠. 얘기, 이렇게 얘기도 그렇고 만약에 같은 어디에 뭐 어디에 갔는데 생존자, 우리 한동안 생존자분들이 같이 집회할 때 따라다녔잖아요, 서울 뭐 이렇게 다닐 때. 그러면 저희 이렇게 그분들도 그분들끼리 몇 분 앉으시고 저희도 또 이러다 보면 서로가 또 거리감이 생겨요. 그냥 같이 인사하고 그러면 되는데 왠지 모르게… 그러면 이제 생존자 부모님들도 집회할 때 좀 덜 다니시고 지금은 이제 저기에만 다니시고, 그런 게 아마 서로가 불편한 점이 커서 더 그럴 거예요. 그분들도 아마 자기 자식들도 저긴데, 그리고 세월이 이제 2년 좀 지나고 그러다 보니까 그분들은 이제 애들은 상처가 있겠지만 또 부모들은 또 아무래도 자리를 조금씩 잡아가고 그러지 않을까 싶고, 그래서 이래저래 불편해서 거리를… 그냥 그렇게 생각 안 하면 되겠지 남들은 그러겠죠. 그런데 막상 보면요, 그렇게 그냥 막상 뭐 생존자 부모 아… 그냥 남들은 같은 저기라고 하는데 막상 거기를 같이 앉아 있으면요, 뭐 이렇게 할 말이 없어요, 서로가. 서로가 그래요. 서로가 얘기할 그것도 없고. 그냥 서로 눈치만 보는 거죠. 그러다 보니까 이렇게 거리가 더 멀어지고 그러다 보니까 지금은 뭐 애들은 아픔 있는 사람들하고 얘기해야 마음도 편하고, 그냥 웃을 얘기 있어도 같이 그냥 하면서 하는 게 더 지금은 그게 더 편해졌다고 그래야 되나….

면담자   소영 엄마는 직장을 다니다가 소영이를 잃었는데, 삼오까지 끝내고 직장은 어떻게 하셨어요?

소영 엄마   회사에, 직장에서 삼오 지내고 또 계속 봐줬어요. 1년 정도, 1년 정도. 왜냐하면 거기는 또 그렇게 큰 회사가 아니고 그래서 이제 거기 조그만 했는데, 성포동 이렇게 여러 군데가 있었어요, 사장은 한 사람인데. 근데 그 회사에서 세 사람, 세 학생이 당한, 하여간 성포동에서도 이쪽으로 학교 오는 애들이 있어 가지고, 그래서 아마 거의 1년 넘게를 봐준 것 같아요, 전부 다를. 그런데 이제 거기 하다가, 다니다가 또 그만두신 분도… 저는 근데 이제 계속 안 다녔죠. 그러다가 이제는 퇴사 처리, 내가 사직, 이제 차장님한테 전화해서 "아, 이제는 이렇게 해야 되겠다"고 그렇게 해서 이제는 사직서를 제출하고, 그러고선은 계속 이제 뭐 집에 있다가….

면담자   그러면 회사에서는 1년 정도 휴직처리를 해주신….

소영 엄마   예, 예. 거의 1년 이상 휴직처리를 해준 것 같아요. 15년도 저기 때 사직처리를 했으니까. 예, 1년 넘게.

면담자   휴직처리하면 복귀는 가능하지만 월급은 안 나오는?

소영 엄마   예, 예. 월급은 안 나오고, 퇴직금도 그냥 그때 다녔던 그것만 맞춰서 하는 거고. 그때 만약에 마음이 안 그랬으면 다시 직장을 나갔겠죠. 근데 그 당시에는 뭐 돈에 대한 그런 게 없어져 버렸어요. 돈에 대한 그런 게 없어 가지고….

면담자   1년 뒤의 얘깁니다만 퇴직을 결정하실 때는 직장을 다니는 의미랄까 그런 것들을 찾지 못했던 것이 원인이겠네요?

소영 엄마   예, 그런 것도 있고. 그러니까 이제는 애들, 솔직하게 애들 뭐 해주고 싶고 애들하고 뭐 어디 다닐라고, 이렇게 이제 뭐 여유적으로 살고 싶어서 뭐 같이 맞벌이를 하는 경우가 거의 많잖아요. 저희 같은 경우는 애들 뭐 하나 뭐 하고 같이 어디 다니는 걸 워낙 좋아해 가지고 그냥 그런 거에 그랬는데, 지금은 그냥 그렇게, 그렇게 내가 이렇게 해서 벌어야 되겠다는 그 의미가 많이 사라진 거죠. 그냥 뭐 나중에는 이제 어느 정도 적응되면 그때는 '아, 젊었을 때 벌었어야지' 이런 생각을 하겠지마는 지금은 돈에 대한 욕심이 없어졌다고 그래야 되나? 그게 맞을 것 같아요. 그냥 돈 벌어서 어디, 그렇다고 뭐, 딸 이런데, 어디 여행을 다니겠어요,

뭘 하겠어요… 그러니깐 그런 거에 대한 게 없어졌어요, 그냥. 돈을 벌어서 즐겁게 써야 된다는 그런 게, 그런 게 아마 없어졌어요.

면담자　　　그러면 소영이 잃은 후에 소영 엄마는 살아가는 이유랄까 그런 거를 다른 데서 찾으셔야 될 텐데….

소영 엄마　　　남은 아들이 또 있잖아요. 소영이만 생각하면 저희 아들은… 너무 걔가 애도 너무 상처를 크게 받고 그랬는데, 너무 소영이 생각만 하면 아들한테 또 미안하니까, 그거를 잊으려고 해서 뭐 그런 건 아닌데, 될 수 있으면은 아들 있을 때는 밝은 표정을 많이 지으려고 해요. 그냥 뭐 시어머니 같은 아들이라고 그래야 되나? 잔소리도 많고요. 내가 뭐 어디 나가면 "엄마 술 조금만 먹고 와" 그럴 정도로. 그러다 보니까 얘를 소영이 몫까지는 못해도 그래도 아들 하나 있는, 아들한테는 그래도 더 이상 상처, 아픔을…. 이제 그 큰 걸 했기 때문에 아들한테는 잘해주고 싶죠, 그냥. 그래서 지금은 그냥 거의 아들한테 내가 의지를, 아들하고 같이 있으면서 아들에 대한 걔가 어떻게 돼야 되는 사랑을, 얘도 아픈 상처를 겪었기 때문에 얘한테 지금은 아마 더 해줘야 되지 않나…. 왜냐하면 얘네들도 뭐 곧 닥치고 싶어서 닥친 것, 뭐 부모도 그렇지만 얘네도 그런 걸, 아픔을 갖다가 갑자기 얘네도 닥쳤기 때문에 아들 생각을, 처음에는 내가 힘드니까 아들 생각을 못 했던 것 같아….

　　진짜 아들 생각을 전혀 안 했는데, 지금은 표현을 안 해서 그렇지 애도 엄청 마음이 그때는 아프고, 지금도 생각하면 동생 생각하면 아플 텐데, 그런 표현을 우리 있는 데서는 안 하니까 그게 너무 안쓰러운 거죠, 진짜. 좀 이렇게 하면 차라리 여자애 같았으면 울고 막 이랬을 거예요. 그런데 남자애다 보니까 그런 표현하는 게 없어요. 그냥 속으로만 거의 삭히는 편이라…. 지금은 이제 아들 하나, 걔한테 뭐 나중에 이러다가 애 장가도 못 갈 정도로 그러는 건 아닌데요, 그냥 아들한테 지금은 많이 해주, 하려고 그러죠. 뭐 그냥 애도 상처가 계속 마음속에는 안 좋을 거니까. 그렇다고 우리는 그래도 뭐 돌아다닐, 같은 엄마들끼리 만나 얘기도 하고 그러잖아요. 얘는 이제 지 친구들이나 이렇게 만나면 이런 사건, 이런 얘기를 못 하잖아요. 걔네가 마음이 이제 아프… 걔네들은 이제 모르는 애들도 있고, 또 저희 아들 친구들은 거의가 이제 알고 이러는데, 저희는 같은 엄마끼리 만나서 얘기하면서 풀 수가 있어요. 애에 대한, 뭐 소영이에 대한 이런 얘기를…. 그런데 저희 아들은 그런 걸 어디서 가서 얘기할 데가 없잖아요. 그렇다고 엄마한테서 그런 얘기를 전혀 안 하니까, 그러니까 얘네들도 참 어디 가서 진짜 할, 얘기할 데가 없는 것 같아요. 이 아픈 상처를 가진 애들이 자기 친구들은 다 괜찮은 애들인데 가서 애가 갑자기 뭐 이런 얘기를 할 수는 없잖아요. 그럼 뭐 나는, 저는 좀 나은 거예요. 엄마들 만나서 그래도 얘기는 하거든요. 애들 생각나면 뭐 "우리 애 이랬어" 뭐, 서로 뭐 "우리 애들 이랬어" 이런 얘기를 하는데, 그런 거 보면 남아 있는 애들이 아마 더 마음이 안 좋을 것 같아요.

면담자   소영이가 이승에 없고 떠났지만, 지금 어머니 마음

소영 엄마 김미정

속에 같이 있는 소영이한테 꼭 해주고 싶은 게 혹시 있으세요?

소영 엄마 '아… 내가 조금이라도 젊었으면 나중에 엄마 자식으로 다시 태어나라' 진짜 이런 마음 굴뚝같은데…. 그냥 모든 걸 즐기면서 그냥 그러면서 다녔으면 좋겠어요. 그냥 뭐 다른 거 다 잊어버리고. 근데 내 꿈에 한두 번만 좀 나타나 줬으면 좋겠어요. 왜 꿈에 안 나타나죠? 다른 사람들은 자식들 꿈을 꾼대요, 가끔씩. 뭐 얼굴도 나왔다가 뭐 웃는 모습도 나온다는데. 저한테는 소영이가 나쁜 게 한 번도 안 나타나네요. 한 번 정도는 나타나 줬으면 좋겠는데, 아이 그런 건 어떻게 할 수가 없잖아요. 꿈을 뭐 만들 수도 없고….

면담자 조금 어려운 질문이긴 합니다만, 소영이 보내고 어쨌든 소영이든 소영이 오빠든 간에 그 자식도 다 내려놓고 소영 엄마 자신의 인생이랄까, 뭐 그런 것에 대한 고민이나 바람이나 이런 것에 대해서 생각해 본 적은 없습니까?

소영 엄마 소영이 사건 터지면서, 그러니까 옛날 직장을 다닐 때는 그래도 힘들든 어쩌든 나름대로 또 즐겁고 내가 생활할 수 있는 이런 게 있었는데, 지금은 나한테 뭐 내가 지금 집에 있고 이러는 거 외에는 나한테 뭐 하는 게 없는 것 같아요, 내 자신에 대한 거는. 모든 게 소영이랑 같이 했던 것들도 뭐 이제 뭐 그렇고 그러니까 나에 대한 아직 저기 한 좀, 이렇게 활동 뭐 해야 되는데, 그런데 그런 게 많이 아마 의지가 떨어지지 않았나 그런 생각은 들어요.

그냥 내가 더 이렇게 앞으로 이제 계속 저기 하려면 이제 건강하고 이렇게 해야 되는데 그런 거에 아마 너무 그런 걸 신경을 안 쓰지 않나 그런 때도 있는데, 조금 있으면 이제 나아지겠죠. 그러면 그때는 이제 나이를 먹어서 그러겠지만….

6
초기 유가족 활동

면담자　　그 이제 장례, 삼오 지내고 소영 아빠가 적극적으로 유가족들과 함께 활동을 하셨기 때문에 같이 많이 움직이셨을 것 같은데, 제일 처음에 와스타디움 사무실이 됐든 어디든 제일 처음에 나간 게 어디셨어요? 기억이 나십니까?

소영 엄마　　저는 와스타디움 투표 뭐 이렇게 할 때 부모들 투표하고 이럴 때, 예, 그런 것 같은데요, 거기 저는.

면담자　　투표라면 무슨 투표였습니까?

소영 엄마　　뭐 위원장, 그때 한창 위원장 선출하고 뭐 이런 거였기 때문에 부모들, 아마 그런 거였을 것 같아요. 그때가 막 뽑고 그럴 시기였거든요. 여기 있을 때 그랬던 것 같아요.

면담자　　투표할 때면 이제 김병곤 위원장?

소영 엄마　　예, 예. 그럴 그때 막….

소영 엄마 김미정

면담자　　　　비롯해서 임원들이 선출되는 그 상황에서 누군지는 아셨어요, 투표하실 때?

소영 엄마　　그전에 저기 할 때 봤잖아요, 계속. 서울 다니면서 버스 안에서 보고 또….

면담자　　　　팽목에서도….

소영 엄마　　예, 예. 팽목에서도 뭐 해경들하고 얘기할 때 그분들 막 보고 그랬기 때문에 자세히는 몰라도 그냥 그 모습은 이제 몇 번씩 보고 있고 그래, 그래서 그냥 얼굴 아는 정도지 뭐 자세히는 모르고 그냥 얼굴은 아는 정도?

면담자　　　　그러면 그동안 진도체육관, 팽목 등에서 적극적인 활동을 해오셨던 유가족분들이 집행부 임원을 맡아서 가는 거에 대해서 마음으로 찬성하는 그런 상태셨겠네요?

소영 엄마　　그렇죠. 그때는 서로가 아마 그 당시에는 누구를, 이 사람에 대해서 자세히 몰라도 그냥 우선은 다 이끌 사람이 필요했기 때문에 그 당시에는 아마 그러지 않… 그냥 우선 다 부모들은 다 모이게 할 수 있는 사람을 우선 뽑아야 되기 때문에 아마… 그래도 잘, 많이 하셨던, 그 팽목항에서도 그렇고 많이 하셨던 분이기 때문에 아마 그래서 뽑은, 선출되지 않았나 싶어요.

면담자　　　　그럼 이제 와스타디움에서 경기도 미술관 분향소 쪽으로 사무실을 옮기고 천막들이, 지금은 컨테이너입니다만….

소영 엄마   그때는 천막, 예.

면담자   천막을 설치했었고 하는 그 초기 때 분향소에 나오
셨죠?

소영 엄마   예, 그때 나왔죠. 조금 돼 있고 할 때는.

면담자   그걸 주로 누가 준비했는지 목격을 하셨습니까? 예
를 들어 텐트를 친다든지….

소영 엄마   그런 걸 잘….

면담자   나와 보니까 다 쳐져 있었나요?

소영 엄마   아니, 제가 뭐 그냥 그거는 제가 자세히는 모르겠는
데….

면담자   분향소에 나오셨을 때는 주로 어디 가 계셨습니까?

소영 엄마   처음에는 애들 있는 데 거기하고, 하나씩 하나씩 이
제 사진 애들 할 때마다 사진 이름 이렇게 그런 거 보고, 그러고 부
모님들 계시는 게, 거기 같이 앉아서 얘기하고, 아마 그랬던 것 같
아요, 그때는 서로.

면담자   유가족 대기실 천막에 주로 많이 계셨네요?

소영 엄마   예, 예. 그냥….

면담자   당직 서기 시작한 건 언제부터였습니까?

소영 엄마   지금 그렇게 음….

면담자   2014년도부터 이미 서기 시작했습니까?

소영 엄마   꽤 되긴 했는데 이렇게 구체적으로 이런 반 이런 거는 얼마 안 되고….

면담자   그러면 4월 말, 5월에는 분향소에 가족 대기실에 나와서 여러 유가족들이랑 같이 이야기하고, 이런 활동을 쭉 하셨던 거네요?

소영 엄마   예, 거의 뭐 그때는 그러고 서울을 워낙 많이 그때는 다녀가지고요. 거의 막 올라갔다, 올라갔다 그래 가지고 매일을 버스가 다니듯이 해서….

면담자   처음 유가족들이 공동행동을 한 게 KBS 항의 방문입니다. 그게 14년 5월 9일인데요. 혹시 기억을 하시는지요? 안산에서 버스 타고 여의도로 가셨거든요?

소영 엄마   아, 여의도 그 집회할, 거기 할 때 갔을 것 같은데, 제가 지금….

면담자   KBS 보도나 이런 것에 대한 분노라든지 이런 건 기억이 나십니까?

소영 엄마   너무 많죠. 그 이후로는 뭐 아예 정규방송하고 뉴스는 아예 안 보는… 그렇게 돼버렸는데….

면담자   그때 김시곤이라는 사람이 망언을 해서 유가족들이 엄청 크게 분노를 했었죠.

소영 엄마   예.

면담자   그리고 국정조사를 하라고 요구하러 유가족들이 국회에서 이제 점거 농성을 합니다. 2박 3일 했었는데?

소영 엄마   예, 처음에는 2박 3일 했고.

면담자   그 2박 3일 할 때는 같이 가셨나 보죠?

소영 엄마   예, 예. 그러니까 국회에서 할 때까지만 해도 제가 그래도 자주 왔다가 이렇게 했는데….

면담자   2박 3일 농성할 때에 대한 기억이 있으세요?

소영 엄마   그냥 부모들 이렇게 다 그냥 우리 반 이랬던 것 같아요. 자리 깔고 여기에 이렇게 자기네 반 부모님들은 다 아니까, 거의가 다 이렇게 요만큼씩, 요만큼씩 그냥 하면서 그냥 얘기하고 별다른 것 없이 그때는….

면담자   "국정조사를 해야 된다"라고 이제 국회에 요구하는 상황이었는데, 주로 당시 진상분과장이었던 찬호 아빠라든지 이런 분들이 앞에 나서서….

소영 엄마   예, 예. 얘기….

면담자   설명해 주시고 그랬던 장면은 기억이 나시고?

소영 엄마   예, 뭐 기자회견 같은 거 이런, 예, 그런 거는.

면담자   그런 걸 보면서 어떤 느낌이었어요?

소영 엄마   우리나라 참 한심한…. 왜 그러냐면 기자회견은 맨날 해도 안 되는 거 아는데도 저희는 그, 할 수밖에 없는 거잖아요. 뭐 이랬던, 뭐 이게 그렇게 한다고 해서 이루어지는 것도 아니고, 그런데도 자꾸 해야 되는, 참 우리가… 이 답답한 거죠, 이 현실도 그렇고. 진짜 어디 딴 나라 가서 살, 딴 나라도 요즘 하도 죽는 사람이 많아서 무섭기는 한데, 우리나라는 희망을 이렇게, 희망을 주게끔 하려면 아직도 멀지 않았나 싶어요. 그냥 부모들이니까 할 수 있는 건 최소한 하는 거죠. 기자회견 하고 시위도 하고 뭐 솔직히 여기서 서울까지 걸어간다고 해서 이게 이루어질 것 같진 않잖아요. 그런데 이제 부모들이 할 수 있는 행동들이고, 최선이고, 그냥 그런 거지 이게 뭐 그거 한 번 해서 뭐가 이렇게 큰 게 갑자기 되고 뭐 이러지는 않는데, 참 우리나라 자체가 너무 한심스러워서 너무. 그냥 여기 우리는 그래도 좀 그런데 앞으로 사는 애들이 참 그렇죠, 마음이 아프죠. 걔네들이 좀 이렇게 자유로운 이런 데서 해야 되는데 그렇지 못하는 것도 그렇고.

면담자　　　어머니, 오늘 어려운 구술을 하셨어요. 팽목 내려가서 소영이 데리고 온 이야기, 그리고 소영이 보낸 이후의 어머니의 심경이랄까 여러 가지 생각들, 그리고 초기에 안산으로 올라와서의 활동들, KBS 항의 방문, 국회 국정조사요구 농성까지 오늘 얘기를 했습니다. 다음에 3차 구술하면서 본격적으로 특별법을 위한 어머니들의 투쟁 과정 얘기들을 이어갈 겁니다. 어려운 얘기들이었음에도 불구하고 계속 집중하시고 적극적으로 표현을 해주셔서 감사드리고요. 오늘 2차 구술은 이것으로 마무리를 하도록 하겠습니다.

소영 엄마　　　감사합니다.

면담자　　　고맙습니다.

3회차

2016년 11월 30일

1
시작 인사말

면담자   소영 어머니, 또 힘든 시간을 내주셔서 감사합니다. 본 구술증언은 4·16 사건에 대한 참여자들의 경험과 기억을 기록으로 남김으로써 이후 진상 규명 및 역사 기술에 기여하고자 합니다. 지금부터 소영 어머니 김미정 씨의 증언을 시작하겠습니다. 오늘은 2016년 11월 30일이며, 장소는 안산시 단원구 고잔동 세승빌라입니다. 면담자는 김익한이며, 촬영자는 김솔입니다.

2
세월호 특별법에 대한 생각

면담자   어머니 오늘이 이제 3차 구술입니다. 오늘 구술은 유가족들의 투쟁의 과정들을 한번 같이 되돌아볼 것이고요. 그 얘기가 끝나면 소영 어머니의 삶에 대한 생각들을 나눠보는 그런 시간을 가져보도록 하겠습니다. 특별법에 대한 어떤 아쉬움이든 특별법에 대한 기대? 무엇이든 좋습니다만, 특별법에 대한 소영 어머니의 생각을 좀 말씀을 해주시면 감사하겠습니다.

소영 엄마   어떻게 설명을 해야 되지….

면담자   처음에 우리가 수사권과 기소권을 주장했었잖아요?

소영 엄마   예. 그래 가지고 그게 안 됐죠.

면담자   그런 것에 대한 소영 어머님의 생각은….

소영 엄마   어… 이왕이면 그게 다 됐으면 좋겠죠. 이왕이면 했으면, 그때 차라리 좀 더 싸우고 그걸 같이 했으면 지, 지금 아마 조사가 좀 더 잘됐겠죠. 근데 특별 그게 이제 조사, 그런 게 없고 이래 버리니까 힘이 없잖아요. 뭐 내가 나 어, 어… 조사하시는 분들이 어디 가서 직접적으로 할 수 있는 제한이 있고 그러니까는 그게 좀 아쉽죠. 이왕이면 좀 더 해가지고 든든하게 갔으면 아마 더 빨리 조사가 이렇게 됐을 건데 지금 힘이 없으니까 그, 그 조사하시는 분들도 이제는 다 없어져 버리고 다 저기 하고, 개인적으로 어, 조사를 하시는데… 근데 제가 이제 그런 것도 좀 그런 거 같아요. 내 생각에는 가족들이 아무리 많이 열심히 이렇게 해도, 시민분들이 많이 도와주셨지만, 그 반면에 또 이제 이런 거에 반대하시는 분들도 있고 그러니까는… 그때 좀 해가지고 좋, 좋, 이런 걸 좀 같이 갔으면 좋았을 텐데 그게 좀 아쉽죠. 지금 너무 없어요, 조사할 수 있는 권한, 그나마 이게 이렇게 터져가지고 전 국민들이 이렇게 하니까 이게 이렇게 됐는데, 안 그랬으면은 아마 더 힘든 과정이 되지 않았을까, 저는 뭐 그렇게 생각하고요.

면담자   그 특별법에 의해서 현재까지 특조위의 활동들이 있었고, 그것에 대한 아쉬움을 말씀을 하셨는데요. 그때 유가족들이 중심이 돼서 일단 국회 제출됐을 때는 600만 정도의 서명이 (소영

엄마 : 전국으로) 같이 제출이 됐죠. 그리고 그 이후에 서명까지 합치면 정말 엄청난 수의 서명이었죠. 근데 그럼에도 불구하고 유가족들이 원하는 특별법이 되지 않은 이유를 뭐라고 생각하십니까?

소영 엄마   정치하시는 분들이 만약에 그것까지 주면 이제 자기네가 많이 어려워지잖아요. 그래서 이제 그, 그런 것을 아마 없애려고 아예 이제 그거를 차단을 해버린 거죠. 그냥 이제 조사를 하되 직접적인 중요한 부분은 빼고 그냥 할 수 있는 공간에서만 조사를 해라 이런 식이 돼버린 거죠, 그니까.

면담자   그럼 지금 뭐가 어려워진다고 생각하세요?

소영 엄마   이게 만약에 세월호고 이런 거에 조사 들어가면 뭐 단체 이렇게 어, 핵[심단체], 이런 데 걸리면 위에 이렇게 연결고리가 있잖아요. 그러니까는 아무래도 자기네 그런 것도 있지 않았을까 싶어요, 연결고리에 없었다고는 할 수 없으니까. 만약에 자기네가 떳떳했으면 줬겠죠. 조사권도 주고 그런 걸 다 줬겠지만은 그런 게 아마 있어서 미리 이제 차단을, "딱 이 정도만 니네는 조사를 해라" 그, 그랬으니까 그렇게 되지 않았을까 싶어요.

3
동거차도에서의 이야기

면담자   동거차도에 우리 유가족들이 내려가서 가지고 세월호 인양 과정을 망원렌즈를 가지고 감시하는 활동을 했었지 않습니까? 혹시 가실 수 있었습니까, 동거차도에?

소영 엄마　　예, 두 번 갔어요. 처음에는 이제 워낙 한번 이게 배 사고가 나니까 솔직히 이제 배 타는 것도 겁나고요, 그런 게 있었는데, 그래서 또 두 번째 이제 우리 반이 갔을 때는 그냥 2박 3일, 엄마들은 2박 3일만 하고 오고, 이제 아빠들이 일주일 있었고, 세 번째는 엄마들만, 엄마들만 가서 일주일, 일주일 있어서, 상황을 보는데 특별나게 그렇게 보이는, 막 그냥 밤에 불은, 소리는 나고 불은 켜 있고 그래요. 이렇게 우리가 봤을 때 막 소리도 막 나고, 근데 밑에선 뭘 하는지 물속은 저희가 모르니까, 위에 있는 그 인제 배, 어떤 배인지 그런 거만 보고 뭐 그 수밖에 없죠. 물속에 있는 건 뭐 어떻게 작업을 하는지 뭘 하는지를 모르는데, 그냥 뭐 하나 배가 움직이면 촬영하고 그런 거 하고.

면담자　　4·16 참사 일어난 이후에는 배를 타는 거와 같이 물에서 무엇을 하는 게 두려웠었나 보죠?

소영 엄마　　예, 배에 타는 것도, 그때는 배 타는 게 진짜 싫었어요, 배 타고 어디 가고 이런 거. 그래서 처음에 만약에 인제 반 이렇게 정해서 조 짜서 처음에 했을 때는 그래서 못 간, 못 가고, 두 번째는 그나마 이제 엄마들하고 좀 용기를 내서 그래서 그냥 2박 3일 하고, 그러니까 또 배는 또 탈 만하더라고요, 한번 타니까. 그래서 같이 또 같이 갈 사람들이 있었기 때문에 갔죠.

면담자 물에 대한 두려움 같은 게 생겼었나 봐요?

소영 엄마 예, 물, 물도 그렇고 배도 그렇고 그게 한동안은 그 배에 타는 게 무섭고 좀 그러더라고요, 물 같은 것도 그렇고. 근데 어차피 한번 이제 타고 또 조금씩 그런 거는 또 없애야 되니까, 그래서 그나마 이제 좀 탈 만해 가지고 배 타고 그러고….

면담자 동거차도에 엄마, 아빠들이 2박 3일 같이 들어갔을 때에 그때 분위기가 어땠어요?

소영 엄마 그때는… 그래도 다들 그냥 뭐 괜찮았던 거 같아요, 분위기는 다들. 그냥 그 오고, 그냥 좀 슬프기도 하고 뭐 이제, 이제 그 쳐다보면은 진짜 눈물도 나고 그런 것도 있었는데, 그래도 조금씩, 조금씩 지나면서 이제 부모님들도 많이 이제 마음의 안정이 되고, 뭐 지금도 TV 방송에 그 세월호, 요즘에 또 세월호에 대한 막 그런 거 나오잖아요? 그러면 눈물이 나요. 나기는 그거는 어쩔 수가 없는… 부모인데 그래도 잘, 다들 괜찮았던 거 같아요. 그냥, 뭐 농담도 해가며 다들.

면담자 안산에 있을 때보다 아이가 더 가까이 있는 거 같은 느낌이 들지 않았어요?

소영 엄마 예, 그렇죠. 바로 앞에 어… 저기, 저만큼밖에 안 되는데 거리가 어, 우리 동거차도 안 들어가 봤을 때는 그 거리 위치를 모르잖아요, 이 섬에서 거기까지. 어… 그때 너무 가까운 거예요, 처음에 봤을 때는. 여기서 보이면 거기 그 배에 있는 거 다 보이고 그러는데 마음이 좀 아프죠, 그거 보면… 조금만 저기 했어도 그냥 이 가까이에 섬이 있는데, 애들이 많이 못 올라온 게 좀 마음이 진짜 그렇고, 그거 봤을 때.

면담자   잠자리나 이런 거는 견딜 만하셨습니까?

소영 엄마   예, 잠자리는 크게 걱정을 안 했던 거 같애요. 그냥 다들 뭐, 뭐, 뭐 국회에 있을 때에도 그냥 뭐, 그 텐트 안에서도 다들 밖에서도 자보고 막 그래 가지고 잠자리는 크게 걱정을 안 했어요.

면담자   엄마들만 들어갔을 때에는 엄마, 아빠가 같이 들어갔을 때하고 좀 느낌이 다르셨어요?

소영 엄마   아무래도 엄마들이 이제 뭐 이렇게 보고 저기 해야 되고 그런 건데, 별 차이는 없었던 거 같은데요. 그냥 워낙 어디 가서 적응 같은 거를 잘하는 (웃음) 그래 가지고, 예에, 특별나게 차이는 못 느꼈던 거 같은….

4
세월호 인양과 진상 규명에 대한 생각

면담자   엄마, 아빠들이 동거차도까지 올라가서 그런 감시 활동을 해야 된다는 것은 세월호의 인양 자체가 엄마, 아빠들이 원

하는 방식으로 진행이 되지 않기 때문에 그런 거 아닙니까?

소영 엄마   그렇죠.

면담자   그래서 전체적으로 지금 인양이 결정되는 것, 그다음에 그 인양할 회사가 결정되는 것, 그 이후에 인양의 실질적인 작업 등에 대해서 어머니는 어떤 생각을 갖고 계시는지를 좀….

소영 엄마   너무, 지금 작업하는 것도 그렇고 부모 입장에서는 진작 끝났을 거 같은 느낌인 거죠. 이게 이렇게 뭐 계속 미루고 있잖아요, 계속, 계속. 근데 제가 인제 뭐 배 인양하는 배에 대해서도 저희 인제 엄마, 저희들은 잘 모르지요. 어떤 뭐 배가 이렇게 중요한 건지 저희가 이제 그런 쪽으로 선박, 이런 거 쪽으로는 모르는데, 이 사람들이 여하튼 업체를 선정을 해서 인양을 할라고 했으면은 그래도 최소한 빨리 서둘러야 되는데 계속 미루고 있잖아요. 뭐 작업이 어… 뭐 하나, 뭐 거는데 요만큼 걸리고, 뭐 옆에 하나 뚫어, 그러니까 그런 게 너무 오래 걸리고, 그러고 사방에 이제 하나 걸자고 막 구멍 뚫고 그러잖아요. 배가, 그나마 지금 물속에 2년 넘게 있었는데, 최대한 그래도 빨리 올려야 그나마 좀 괜찮을 때 배가 성할 텐데, 이게 점점점 미루다 보니까 이제 배, 나중에는 이게 배가 어떻게 어떤 상태로…. 그니까 어떤 부모님은 그 얘기를 하더라고요. 나중에 인양될 때 미리 생각하고 있으래요, 배의 어떤 모습. 그러니까 너무 기대를 하고 있으면 안 된다고 하더라고요.

배가 물속에 있으면 쇠가 삭고 뭐 썩고 이래 가지고 뭐 한다는데 이게 벌써 2년, 이제 조금 있으면 3년짼데 멀쩡한 데가 그나마 있을 때 인양을 빨리 해야 되지 않을까요? 계속, 계속 지금도 미루고, 이게 또 언제 또 뭐 무슨 핑계 대가지고 또 미뤄서, 그러다 보면 내년에 또, 또 이래서 또 태풍이 오네, 비가 오네, 또 이럴 거고, 또 겨울에는 또 이래서, 그러다 보면은 하아… 하여간 제 입장에서는 제가 이제 상식적으로 이런 걸 잘 몰라서 '아… 이런 게 어려운 거구나' 뭐 인제 이렇게 하면은 저, 저는, 저 같은 경우에는 가서 이렇게 뭐 할 때 듣기도 하지만은 거의 인제 밴드에 배에 대한 소식 오르면 그거 보고 거의 그러니까. 근데 제가 이렇게 봤을 때는 날씨도 좋고 이렇게 빨리빨리 했으면 좋겠는데, 우리 저번에 일주일 있을 때도 괜찮았거든요, 날씨도. 그런 거에 비하면 일부러 계속 미루는 거 같애요, 배 인양하는 저거를, 인양은 하겠… 이러다가 인양이 안 되는 경우도 있지 않을까 싶을 정도로.

만약에 멀쩡한 데가 없고 이러면은 그 배를 인양을 어떻게 해요, 할 수가 없잖아요. 지금도 뭐 거의 한 쪽씩 막 조금씩 썩어갈, 이렇게 사람처럼 비교하자 보면 살 같은 게 인제 조금씩 썩어갈 거 아니에요, 배의 상태가 배도 그런데. 마음에 안 들죠. 지금도 마음에 안 드는데 그렇다고 우리 부모들이 어떻게 할 수 있는 방법이 없잖아요. 저희가 뭐, 뭐 세계적으로 뭐 돈이 어마어마해 가지고 다시 배를 해서 빨리 인양할 수 있는 것도 아니고, 그냥 기다, 부모 입장에선 마냥 기다릴 수밖에 없는데, 이 사람들이 아마 일부러 계속 늦추는 게… 일부러…. 그런데 그나마 저기 그, 그나마 그래도

소영 엄마 김미정

좀 배가 그래도, 부모 입장에서 봤을 때, 배 형태라도 조금 있을 때 빨리 인양을 했으면 하는 바램이죠.

면담자　인양과 진상 규명은 긴밀한 관계잖아요?

소영 엄마　배가 인양이 돼야 조사를 할 수도 있는 공간이고, 근데 배가 이렇게 상태가 안 좋으면 실질적으로 봤을 때에 다 만약에 구멍 뚫리고 다 썩, 뭐 삭았을 거 아니에요, 이제 바다, 바닷물 속에 있었으니까, 쇠니까. 그러면 그거를 만약에 계속 미루다 보면 나중에는 진짜 뭐가 뭔지 모를 거예요. 이렇게 저기 하는 사람들도 보는, 만약에 조사하시는 분들도 그러지 않을까 싶어요.

면담자　소영 어머니께서는 왜 인양해서 진상 규명을 해야 된다고 생각을 하시죠?

소영 엄마　배가 인양이 돼야 만약에 배에서 무슨 다른 데 뭐 부딪, 뭐 부딪혔다 뭐 했다 이런 걸 보면 배를 봐야 조사하시는 분들도 '아, 이래서 이렇게 됐구나' 하는 이게 그러지 않을까요? 저 입장에서도 저번 주인가 집회 갔는데 어느 분이 인제 이런 계통에서 일하시는 분인가 본데 그 큰 배가 그렇게 쉽게 넘어지면 뭐에 부딪히지 않는, 뭐 이런 거 아니면 그렇게 갑자기 이렇게 될 수가 없대요. 그러면은 그러다 보면 배가 인양이 돼야 그 배에 어디에 부딪혔는지 어디가 어떻게 됐는지를 알아야 되기 때문에 배가 인양이 돼야 조사가, 아마 진상 뭐 규명하든 뭘 하든 그게 아마 같이 이루어질 거 같은, 하여간 그래요. 그래서 배는 인양이 돼야 돼요. 무조건 돼야 같이 가는 거 같애요, 그거는 배하고 조사하는 거하고.

면담자   그러면 이어서 진상 규명은 왜 반드시 돼야 된다고 생각하시는지요?

소영 엄마   억울하잖아요. 우리 애들, 애들이 그래도 애들이 어, 이만큼 희생이 안 되고 어느 정도는 희생이 있겠지만은, 있었겠지만은 다 내 자식이든 누구 자식이든 뭐 그때도 못 올라올 수 있겠지만은, 이렇게 많은 희생이, 그 쓰러졌을 때 뛰어내리는 애들 말고는 살린 애들이 없어요. 그 상황이 그, 그렇게 긴 시간에 그런 거를 그래도 우리 애들이 어떻게 죽었는지 어떻게 됐는지 그거를 알라면 확실한 조사가 있어야 되고, 그리고 부모니까 우리 자식이 어떻게 죽었다는 거 정도는 알아야 그래도 나중에 죽, 내가 늙어서 죽더라도 아 그래도 엄마, 부모가 엄마가 그래도 우리 자식이 어… 어떻게 해서 어떻게 그렇게 잘못 돼가지고 죽었다는 거쯤 알고 싶다는 거고, 그래서 진상 규명은 꼭 있어야 되고. 억울하잖아요, 애들이. 애들이 너무 억울해. 애들이 너무 억울하게 했기 때문에 반드시 조사는 있어야 된다고….

면담자   진상 규명이 다 됐다고 가정을 할 때, 그러면 인제 잘못을 한 사람들이 누군지가 명명백백하게 가려지겠죠? 그러면 그분들을 어떻게 해야 된다고 생각합니까?

소영 엄마   마음 같으면 죽이고 싶어요. 그 많은 애들을… 그 많은 애들을… 음… 죽였잖아요. 여하튼 그게 거의 자, 자기네가 죽

소영 엄마 김미정

인 거나 똑같은 거니까. 근데 우리나라에 사형제도가 없어 가지고 어떻게 처벌을 한다 그래도 부모들은 억울할 거 같애요. 그 사람들이 그냥 뭐 구치소에, 아니 교도소에 가든 어쩌든 간에 그래도 억울할 거 같애요, 끝나도. 뭐 처벌을 어떻게 내린다고 해서 내 그 자식, 모든 자식들이고 그 사람들이고 살아오는 거는 아니지만은… 진짜 죽이고 싶을 거예요. 만약, 만약에 그게 그 사람들이 거기에 있으면.

면담자   어떤 종교에서는 심지어 원수가 되더라도 용서를 하라고 그러는데, 소영 어머니는 용서하실 생각이 전혀 없으시네요?

소영 엄마   예에, 예. 그런 거는 용서, 그러니까 내 자식이든 그 많은 애들, 그 배에 있던 304명이 저기 할 때까지 그래도… 그 사람들은 죄책감을 가지지 않고 살고 있잖아요, 그 사람들은. 우리는 자식들이 있고 뭐 엄마도 있고 뭐 이렇게 해서 힘든 세상을 살, 힘든 하루하루를 살고 있는데, 그 사람들은 너무나도 그냥 멀[쩡하게], 행복하게 살고 있을 거예요. 지금, 지금도 뭐 하루 세끼 멀쩡하게 하고 뭐 자기네는 다 그러고 살겠죠. 근데 절대 용서는 안 될 거 같애요. 뭐, 용서라는 단어가 아마 아예 없어지지 않을까요? 용서라는 단어는 그거, 그거는 나온 단어가 아마 있을 수 없는 일일 거예요. 그 사람들에 대해서 용서할 가치도 없는 거예요, 용서란.

면담자   물론 소영이에 대한 생각도 있으시겠지만 소영이와 함께 그 많은 아이들이 한꺼번에 그렇게 갔다는 것이 어머니의 말씀을 더 강하게 하실 수밖에 없게 만드는 것 아닌가 생각됩니다. 진상 규명이 되고 지금 말씀하신 대로 정말 그에 합당한 처벌을 하고 그러면 이제 비로소 무엇인가가 시작될 수 있는 환경이 되는 것 아닐까 이런 생각이 듭니다. 그렇게 처벌까지 다 마친 다음에 우리 사회가 어떻게 돼야 된다고 생각하시는지요? 처벌을 한다는 것은 그런 잘못을 다시 하지 못하도록 하는 것이기도 하고, 또 한편으로는 그 사람들이 그런 일을 하게 만드는 구조랄까, 어떤 사회 문화랄까 이런 것들이 있을 텐데….

소영 엄마   근데 우리나라는 참 쉽게 안 바뀌는 거 같애요. 제가 인제 이 지금까지의 살, 살면서 보니까 무슨 대형 사건이 터지고 그래도 이게 반복이에요, 계속 반복되는 거 같애요. 열심히 뭐 부모들은 앞으로 이런 거를 없애자고 열심히 노력을 막 하는데 근데 이게 반복적이에요. 왜, 정치하시는 분들은 다 똑같은 거 같애요. 뭐 누구나, 뭐 누구를 떠나서 '아, 이래 되면은 뭐 다음에는 좀 바뀌겠지' 이, 이런 생각을 하면 또 만약에 뭐 사건 사고가 생기면 또 반복적이에요. 이게 글쎄요… 지금 뭐 매 토요일마다 와서, 가족 단위가 많아요, 유모차 끌고 뭐 이렇게 진짜 애기들 데리고 자식 오는데, 그분 부모들도 내 애들은 멀, 멀쩡한 나라에서 키우고 싶어서 그러겠죠. 근데 왜 정치하시는 분들은 그 위에만 올라가면 이게 안 바뀔까요? 반복, 매 반복에 반복, 매해마다 반복. 그러면은 이게 쉽게 바뀌어, 희망을 갖고 하는 거죠. 안 바뀌겠지만 그래도 좀 바뀌고 애들 뭐 다른, 만약에 대형 사고가 터져도 희생은 있겠죠. 아

에 없을 순 없는데, 그래도 살릴라고 하는 그런 시스템 같은 거라
도, 그런 할 수 있는 그런 거를 최대한 그래도 '아… 그 사람들이 열
심히 해가지고 애들을…' 아, 뭐 애들이든 사람이든 사고 터졌을 때
아… 이렇게 구할라고 노력을 하고, 이런 거 모습이 있으면 그래도
시민들이 그렇게 막 잡지는 않겠죠. 너무, 근데 세월호 때는 아예
없었으니까. 내가 봐서는 정치하시는 분들은 그 자리에 올라가면
마음은 다 똑같은가 봐요, 그냥 뭐 안 바뀌는.

면담자   제가 한 가지 놓치고 간 게 있어서 인양과 관련해서
는 한 가지만 더 여쭈면요. 그 2014년 11월에 인양을 결정을 하면
서 '인양을 하겠습니다' 하고 해수부에서 결정 발표를 하면서 동시
에 수색을 중단을 했습니다. 그러니까 인양하겠다고 선언을 한 다
음에도 인양을 시작하기 전까지는 수색을 계속해야 되지 않느냐
이런 문제 제기가 있었어요. 근데 아니나 다를까 인양하겠다고
2014년 11월에 선언을 하고 거의 1년가량 시간 있다가 인양이 시
작이 됐잖습니까? 그사이에는 아이들 수색하는 작업은 중단된 상
태였어요. 그래서 그와 관련된 논란이 있어서 여쭙는 겁니다만,
2014년 인양을 발표하면서 수색이 중단된 거에 대해서 기억을 혹
시 하시는지요?

소영 엄마   예, 기억은 하는데….

면담자   그때 어떻게 생각하셨습니까?

소영 엄마   부모들 전부 다 난리 났었잖아요. 있는 그래도, 그래

도 계속 수색해야 그, 그나마 거기에 하, 한 사람의 시신이라도, 그래도 그 기간 동안 만약에 수색을 안 하면 어디로 뭐 떠, 떠내려갈 수도, 뭐 말은 바다에 이렇게 못, 못 떠내려가게 이렇게 했다는데 그건 알 수 없는 건데, 그때 아마 부모들 다 난리 났었어요, 그때. 저기 해야 한다고, 수색해야 된다고. 〈비공개〉

면담자　　　소영 어머니도 몇 주째 토요일 날 서울 올라오면서 박근혜 퇴진을 위한 시위에 열심히 참여를 하고 계실 텐데요. 그래서 상황이 좀 좋아진다면 두 가지를 어떻게 하고 싶으신지요?

소영 엄마　　　넣어야지요. 다시 조사위, 저기 하시는 분들이 권한을 갖고 할 수 있는 것을 넣어서, 그래야 아마 본격적으로 조사가 제대로 아마 이루어지지 않을까, 저는 넣어야 된다고 생각을 해요.

면담자　　　인양에 대해서는?

소영 엄마　　　인양도 해야죠. 그렇다고 인양을 뭐 안 할 수는 없잖아요. 조사를 할라면 배가 우선은 있어야 되고, 그리고 밑에 계신 분들도 그 희망을 갖고 거기에 계시잖아요, 팽목항에. 그… 뭐 내 자식이 그 안에 뼈라도 하나 어… 찾고 싶어서 거기 있는, 무조건 인양은 돼야 되고, 그러니까 그 두 가지는 아마 다시 해서, 지금 만약에 이게 바뀌어가지고 조금 다시 할 수 있는 게 생기면, 넣어서 다시, 다시 재조사를 해야 된다고 봐요. 전 했으면 좋겠어요, 넣었으면.

면담자   앞에 소영 어머니 말씀 중에 그게 여당이 됐건 야당이 됐건 정치인이 되면 다들 똑같다고 그러셨잖아요.

소영 엄마   다 똑같애요.

면담자   그러니까 박근혜가 퇴진을 한다고 하더라도, 그 이후에 지금 소영 어머님 바람과 같은 그런 일이 일어나지 않을 가능성도 남아 있지 않습니까?

소영 엄마   있겠죠. 왜냐면 정치하시는 분들은 뭐, 뭐 박근혜가 내려온다고 그래서 그분들은 그대로 있잖아요, 그 자리에. 그래서 아… 그거를 자기네들을 그거를 두 가지를 넣어줄 건지도 궁금하기는 해요, 안 넣어줄 거 같기도 하고. 왜냐면 그분들은 그냥, 그냥 있으니까. 그 한 사람만 내려올 뿐이지 다 있잖아요, 그 자리에. 아이… 너무 힘이 없어요(웃음).

면담자   힘이 없는 건 맞는 말씀이시지만, 거의 3년 가깝게 이렇게 유가족들이 역사상 유례없는, 정말 인내심 많은 이런 투쟁을 해오고 계신데, 그 투쟁의 결과로 지금 힘이 많이 강해졌다고 느끼시지는 않는지요?

소영 엄마   지금은 많이 강해졌죠. 지금은 시민들이, 그때는 뭐 우리 인제 하면 뭐 이렇게 단체나 이랬지만, 지금은 가족 단위예요, 시민들이. 가족 단위도 많고 어, 그러다 보니까는 이게 그니까 힘이 더 많아지는 거 같애요. 뭐 우리 한참 뭐 저기 하고 할 때, 저기 할 때는 거의 단체 분들이 많이 도와줬어요. 좋으신 분들도 많았고 옆에 있었는데, 거의 다 단체였잖아요, 뭐 무슨 단체, 무슨 단체. 근데 지금은 거의 다 시민이에요, 시민들. 그냥 자발적으로 마음에 우러나서 뭐 애들 데리고 나오고 뭐 저, 강아지에다가 "박근혜 하야" 그 종이 붙여가지고 강아지 이렇게 하는 분도 있고, 그니까 시민들이 아마 힘이 더 무섭죠, 이런 단체, 이런 저기 하는 거보다. 뭐 애들도 있고 이러는데, 이런 힘이 조금 우리 세월호 그 이런 데도 좀 갔으면 좋겠어요. 그냥 뭐 박근혜 내려오는 거로 끝나는 게 아니고 그냥 우리한테 보탬이 더 돼가지고 조사할 수 있는 그 권한을 다시, 다시 재조사할 수 있는 그거를 다시 했으면 좋겠는데, 바램이죠, 저희의 바램.

면담자　　　계속 열심히 하시고 힘도 좋아지셔서 꼭 달성을 하셔야죠.

소영 엄마　　　달성됐으면 좋겠어요. 그래야지… 그래야 엄마, 부모들이 지금까지 싸워온 게 아마, 지금까지 지켜오고 이거 했던 게, 아마 아… 됐으면 좋겠어요. 근데 이게 안산, 이 안산도 워낙 제가 가끔씩 이제 택시 타거나 이제 그러면은 막 싫어하시는 분들도 있어요, 기, 기사님이나 일반적인 뭐. 그런 걸 들으면 열, 승질 나요, 열나요. 막 대놓고 욕도 하고 싶고 막 그러는데 아직도 보는 세, 세상이 그래요. 아직도 뭐 자기, 뭐 우리도 내 아이 일 아니었으면, 내 집안 일 아니었으면 '아… 저 사고 터졌다 진짜 한번 가보자' 이렇게 되지, 그분들도 그러는 거 같애요. 자기네는 막상 먹고 살고 이런 것만 걱정하지 우리의 가정, 유가족들의 아픔이나 지금 이렇게 된, 어… 이런 거에 대한 거는 아마 인식이 지금도 그래요. 여, 여기 안산에서도 그러는데 뭐 다른 데서 뭘 바라겠어, 안산에서도 워낙 그러는데.

5
단원고 교실 존치 문제

면담자　진상 규명하고 인양하고 또 조금 다른 차원의 일이 크게 터진 게 있었는데, 단원고등학교 2학년 교실 문제입니다. 시작은 2014년 한 11월 정도부터 논란이 되기 시작하고 2015년 들어서 피케팅을 비롯해서 아주 본격적인 대립이 일어났었어요. 교실과 관련된 문제에 대해서 어머니가 기억하고 계신 게 있으면 어떤 거세요?

소영 엄마　근데 교실을… 처음에 막 빼자고 그랬, 저기 했을 때, 재학생 부모님들도 반대 서명 받으러 댕기고 그랬어요, 이런 데에 그런 거에 대한 거. 근데 그렇다고 내 자식만…. 저는 그래요, 이왕이면은 거기에 우리 애들이 있는 공간에 이왕이면 그 자리에 인제 지금은 나왔지만은 거기에 있었으면 했죠. 근데 그렇다고 재학생들을 공부하는 애들인데 걔네들도 뭐 그러니까 그런 거 같애요. 부모 입장에서는 만약에 부모 입장이면 다 반대를 하겠죠. 우리 자식들이 이런 만약에 거, 걔네들도 거기 지나갈 때마다 마음이 아프겠죠. 슬프고 마음도 한쪽으로 뭐, 근데… 그거는 방법이 없는 거 같애요, 부모 입장에서 생각을 하면. 저희 뭐 일반 애들도 그쪽 지나가면 눈물 나고 슬프고 자꾸 그런 게 마음, 머릿속에 생각나고 아… 그래도 이왕이면 저희 부모들은 이왕이면 그 자리에 애들이 다녔던 그 계단, 그 올라가는 길에 거기 하고 싶었죠. 있, 있었으면 얼마나 좋았겠어요, 진짜로.

면담자　　　　말씀 중에 그 동네에 누가 서명받으러 왔다고 그랬는데 소영 어머니께도 왔습니까?

소영 엄마　　　아뇨 저는. 저희 단지에서는 알죠. 저희 단지만 세 집이에요. 세 집인데 저희 아는, 새로 이사하시는 분들은 모르죠. 근데 거기 오래 사신 분들은 거의 알아요. 그러니까 저한테는 안 와요. 저한테는 안 오는데 그런 게 들리죠, "누가 뭐 이래 다니더라". 뭐 거기 반장들 지금도 여기 공원에, 고잔 공원에 뭐 생기는 거 반대, 반장들이 그 용지 들고 다닌대요, 반대하자고. 그런 거 보면… 참… 어, 이게 참 세상이 그래요, 자기네 입장만 생각. 그러더래요, "집값 떨어진다"고. 여기에 애들 하면 뭐 생기고 뭐, 뭐 하다 못해 하면 집값 떨어지고, 뭐 이런 거 때문에 서명 운동, 내, 내가 들었어요, 딴 사람한테. 그게 안산 같은 지역에서 이러는데, 이렇게 틀리는데, 생각하는 거 자체가, 이렇게 틀린데 뭐 어디 가서 딴 동네 가가지고 그런다고 달라지겠어요? 똑같지. 안산에서도 이거를 안 받아주는 입장, 딴 부모들이 그러는데 이게 마음, 현실적으로 따지면 마음이 많이 아파요, 자기네 위주로 하니까.

면담자   동네에서 비교적 가깝게 지내던 분 중에 교실 존치에 대해서 반대하는 분이 혹시 계십니까?

소영 엄마   아니요. 저 아는 사람은 없어요. 왜냐면 친하게 지내고 뭐 그러고 그 동네에도 또 여기 졸업한 애들이 있고요. 그런 사람들은 반대를 안 하는데, 좀 반대하는 사람들이 많지요, 그 일, 일부분들이니까 반대 안 하는 사람들은… 거의가 반대하지 않는가 싶어요.

면담자   반대하기 위해 서명이나 기타 등등을 주동하고 다니시는 분들 중 혹시 아시는 분이 있을까요?

소영 엄마   아니, 그거 모르… 아는 사람은 없는데요. 그냥 뭐 학교에 뭐 맡아서 하는 그런… 사람은 아, 알고 있는 사람이 있는데 모르겠어요(웃음). 그거를 어떻게…(웃음).

면담자   결국은 2015년 여름 정도부터 단원고 교실 존치를 위해서 유가족들이 다양한 활동을 하셨어요. 교실 존치를 해서 거기를 어떻게 꾸밀 것이며 기타 등등. 그리고 인제 그 당시 재학생 학부모를 상대로 해서 설명회를 갖기도 하고 했습니다. 그게 2015년 일인데, 그 일이 진행되는 과정에 대해서 혹시 잘 알고 계시는지요? 예를 들자면 2015년에 단원고 강당에서 설명회가 한 번 있었거든요, 그때.

소영 엄마　　　그때는 못 갔어요.

면담자　　　못 가셨고, 그때에 소문은 또 어떻게 들으셨는지요? 그때 아마 당시 학교 운영위원장하고 유가족들이 강하게 대립을 하고 있었거든요.

소영 엄마　　　그니까 그 내가 인제 여기는 못 갔는데, 저는 이제 재학생 그때 뭐 듣는 거 보면, 내 아는 부모는 일부러 가서 학교 재학생 부모들, 그러니 뭐 이렇게 그때 3학년 애들, 3학년, 우리 애들 2학년이었을 때 이제 3학년, 그때 막 부모들 강당에 저기 하기도 했어요, 불러가지고. 그러면은… 내 아는 사람들은 다 인제 일부러 가서 반, 반대 안 하고 찬성, 일부러 가서 그런 엄마도 있어요, 열성적인. 그 딸, 딸도 지금 이제 대학생인데 그런 부모도 있는데, 그러니까 재학생 부모님들은 자기 자식 생각을 하는 거죠, 뭐 그분들도 부모니까. 우리는 우리 자식, 죽은 자식들, 너네는 그래도 자식이 살았는데, 그 사람들은 우리 죽은 애들… 그게 욕심인가? 욕심일 수도 있어요, 우리들의. 우리가 왜냐면 내 자식들이 그래도 여기서 공부, 공부를 하고 1년 넘게를, 1년 넘게를 이 학교를 다니고 그랬는데, 그 반대하는 사람들은 자기네 생각만 하다 보니까 그런 거 같애요. 그냥 하아… 재학생 부모들은 자기네 그 학교가 이렇게 하면 학교가 떨, 떨어지고 그러다 보면 또 애들이 이 학교로 안 오고 그런 거를 많이 생각을 했겠죠. 그래서 아마 그런 것 때문에 학교가 만약에 학생들의 수가 줄으면 학교가 없어지잖아요. 우리야 거기 애들이 있고 거기에 1년 넘게를 다녔으니까. 그리고 여기서 다니면서 사고가 나, 수학여행 가다가 사고가 났으니까. 그런데 반대하는 사람들은 너무 많아요. 찬성해 주는 표가 아마 몇, 말은 그럴 거예요, 말은 "아유… 마음 아파요", "어… 마음 이래요. 저 찬성했어요" 그러지만 막상 그 사람이 찬성했는지 반대했는지 볼 수가 없잖아요.

면담자   그러다가 결국은 2016년 올해 5월에 결국은 단원고에 들어가서 일주일 농성하는 상황이 발생을 했습니다. 그때는 어머니 계셨던 걸로 제가 알고 있습니다만.

소영 엄마   예, 딱 그러니까 일주일 동안은 못 있고요. 한두 번 정도? 두 번 정도만 가서 교실에서 자, 하루는 자고. 뭐 애들 잔 데서… 그랬죠.

면담자   교실에서 주무셨을 때 어땠어요? 참 오랜만에 아이가 사용했던 공간으로 가셨네요.

소영 엄마   아우… 아우… 그러니까 가끔 교실에 갔을 때는… 그래도 울컥해도 그냥 그런데, 그날 하루, 하루 자구서는 잠잘 때는 잠이 안 와, 안 왔어요. 잠자는 게 아니고 그냥 거기에 뭐 깔고 앉아 있었는데 마음이 아프죠, 마음이 너무 아파요. 제가 분향소를 못 들어가요. 교실은 그래도 내 애만, 이거 책상을 보니까. 그런데 분향소 들어가면 들어갈 때부터 슬퍼, 막 이게 어떻게 할 수 없는 감정이, 그래 가지고 어느, 언제부턴가는 분향소를 못 들어가요. 거기 가면 마음이 너무 아파요. 근데 교실은 또 그런 거 같애요. 교실 또 가면 애들이 그 빈자리가 너무 많잖아요. 빈자리에 이렇게 올라와 있는 이런 거 보면 그 모든 부모들이 다 '우리 자식이 여기서 공부를 계속할 수 있는데…' 그런 생각을 하겠죠, 다들.

면담자　　그 농성하는 과정에서 선생님들이 나와서 설명도 하고 그런 것도 좀 있었고요. 그다음에 제적처리를 하게 된 것을 알게 되어서 엄청….

소영 엄마　　난리 났죠.

면담자　　그랬죠, 엄마, 아빠들이.

소영 엄마　　예.

면담자　　분노하셨는데, 그 상황을 보시고는 어떠셨어요? 소영 어머니 생각은?

소영 엄마　　한심하죠. 그, 그렇게 했다는 자체가 뭐 이거는 한심한 우리나라 그게 문젠 거 같애요. 한심한 거예요, 한심해. 어떻게 그게 제적처리가 돼요? 애들이 뭐 "나 학교 가기 싫어" 이렇게 뭐 저기 한 것도 아니고, 이게 수학여행 가다가 사고가 났는데, 뭐 자기네 누구 하나 실수라고 하지만은 말이 안 되는 거죠. 조금만 자기네가 생각이 있었다면 그렇게 했을, 하지 않았을까요? 잘 배운 그래도 우리 뭐 부모들보다는 잘 배운 사람들이 인제 학교에 다니고 학교 선생님이고 이러시겠지마는, 어떻게 그렇게 처리했다는 자체가 어, 그게 가능하다고 생각하는 자체가 나는 웃긴 거 같애요. 그게 어떻게 그게 가능해요? 애들이 "엄마, 나 오늘부터 학교 안 갈래", "나 이래서 엄마 나 저기 할래" 이것도 아니고, 수학여행 가다가 사고가 났는데 하물며.

면담자   어머니, 이 대목에서 여쭤보는 게 좋을 거 같습니다만, 참사가 있기 전에 선생님들에 대한 생각하고 참사 이후 특히 단원고 제적처리 등을 경험하신 이후에 선생들에 대한 생각의 차이 같은 게 혹시 있으세요?

소영 엄마   어쩔 수 없는 사람이다(웃음), 그 사람들도….

면담자   옛날에는 선생님 그림자도 밟지 않도록 했었는데….

소영 엄마   옛날 저희 때만 해도 선생님이 얼마나 높은 사람같이 생각하고 뭐 그랬는데 '아… 이, 이, 이분들도 어쩔 수 없는 사람이구나'. 그 만약에, 그 생각을 조금 뭐 이게 교수, 음 뭐 선생들도 같이 제적처리 했을 때는 선생들하고도 상의를 했겠죠, 학교 자체에서도. 근데 그거 그 부분에 찬성했다는 거 자체가, 큰, 어떻게 있을 수 없는, 자기네도 그러니까 어쩔 수 없는 사람이에요. 이, 선생님을 떠나서 선생님 입장으로 생각했으면 아마 그런 일이 없었겠죠, 그죠? 옛날처럼 스승의 은혜는 높다고 그러는데 지금은 그게 아닌… 너무 선생님들이 자기네 생각만 해요. 제자들 뭐 생각은 안

131

3회차

하고 자기들 생각만 하는, 그런 아마 시대가, 시대가 이렇게 많이 바뀌어서 그분들도 그러지 않을까.

면담자   최근에 지난 주였나요? 지지난 주에 안산교육지원청 자리에 기억교실 공사가 끝나지 않았습니까?

소영 엄마   예에, 예에.

면담자   혹시, 못 가보셨죠, 아직?

소영 엄마   예, 안 그래도….

면담자   아직 거의 뭐 못 가본 상태인 걸로 알고 있어요.

소영 엄마   안, 안 그래도 우리 아들이 한번 가자고 그랬는데, 어떻게 가, 가보기는 해야죠. 가면 또 마음 아프고. 그냥 그리 쫓겨, 거의 쫓겨났잖아요, 그쪽으로. 지네 교실 아닌데서 쫓겨나서 가면 또 마음 그리 안 좋을 거 같은데… 가보기는 해야죠. 아후….

면담자   결국은 아까 말씀 중에 교실을 **빼**달라고 주장하는 현재 재학생 학부모들의 마음을 또 이해하시는 말씀도 있으셨고요. 그럼에도 불구하고 결과적으로 교실에서 우리가 쫓겨난 것에 대한 아쉬움에 대한 말씀도 있으시고 하네요. 교실 쫓겨난 것에 대한 어떤 마음? 억울함? 그런 거를 좀 있는 그대로 좀 말씀을 해보셔도 좋을 거 같은데….

소영 엄마   그러니까, 일단 처음에 이제 그런 거 같애요. 지금 미수습자하고 몇 애들은 책상은 있어요. 근데 아… 그 **뺐**을 때 마

음은 진짜 아팠죠, 안 좋고. 근데 '우리 애 책상도 거기에 여기에 놔
뒀어야 됐나?' 지금 생각하면… 거의 다 빼, 거의 다 뺐거든요. 거
의 다 빼고 몇 애만 있는데… 빼구서 얼, 며칠 안 돼서 가니까 벌써
공사가 들어갔더라고요. 나무, 복도에 뭐 나무 자재 갖다 놓고, 뭐
갖다 놓고, 공사가 벌써, 벌써 막 그냥 뭐 하아… 그냥 마음, 마음이
아파요, 그냥. 힘이, 힘이 이게 너무 애들, 애들한테 해줄 수 있는
게, 그냥 교실에 대한 게 너무 없어 가지고, 그리고 지금 애들 다 뿔
뿔이 흩어졌잖아요, 애들도. 그거 한곳에 모으는 것도 힘들, 그렇
고, 앞으로도 부모들이 더 많이 계속 싸워야 뭐 애들이 한곳에 모
아지지 않을까 싶기도 하고. 교실도 이제 뺏겼잖아요. 그러니까 얘
네들이 이제는 애들도 뿔뿔이 흩어져 지금 그나마 책상도 넷은 또
여기 있고, 애들 저쪽에 있고… 앞으로도 더 엄청 많이 남은 거 같
애요, 앞으로도. 이게 지금 이렇게 시대가 이럴 때 조금 힘을 얻어
조금 이렇게 잘됐으면 좋겠는데, 인식들이 아직도 이 안산에 계신
분들은 그게 잘 안 바뀌나 봐요.

6
세월호 참사 추모시설에 대한 생각

면담자   추모시설 얘기를 잠깐 하셔서서 그거 좀 이어서 여쭈
면, 그 추모시설이 어디에 만들어져야 된다고 생각하세요?

소영 엄마　　　저는 그래도 다른 분들이 와서 볼 수 있는 공간, 다른, 만약에 애들이 이제 같이 모이고 그러면은 뭐 우리 안산 시민을 떠나서 다른 데서도 볼 수 있는 공간이 그나마 그래도 화랑유원지가 좀 공간이 크고 분향소도 거기에 있었기 때문에, 제 생각은 아마 그쪽에 했으면 좋겠는데… 또 그리고 거기가 공원이잖아요. 뭐 가족 단위로 놀러 와서 거기를 볼 수도 있는 곳이고, 뭐… 그… 저는 아마 거기, 거기가 딱 좋은 거 같애요, 뭐 차편도 그렇고 여러 가지로 보면. 근데 그게 쉽지가 않겠죠.

면담자　　　그래도 추모분과에서 열심히 하고 있으니까….

소영 엄마　　　예, 열심히는 하죠.

면담자　　　좋은 결과가 있으리라고 기대를 하고요. 그 추모시설에 아이들 유골을 좀 모아서, 아이들이 그나마 행복한 공간에서 쉴 수 있도록 하는 게 중요할 것이고, 그 추모시설 정의에 보면 추모의 벽 같은 거하고 추모 기념관을 만들도록 돼 있습니다. 그런데에 뭐가 좀 들어가서 소영 어머니 등 유가족들이 활동을 하셨으면 하는 바람이신지요?

소영 엄마　　　음… 애들에 대한 거? 그 세월호, 그거 말씀하시는 건가요?

면담자　　　네, 추모 기념관이죠.

소영 엄마　　　음… 그거, 그거를 지금 얘기한다고 뭐 다 (웃음) 이루어지는 거는 아니겠지만은… 그래도 만약에 다른 데서 와서 그래도 좀 이런 뭐… 모르는 시민들도 한 번씩 이렇게 지나가서 볼 수 있으면, 애들에 대한 추억 같은 거를 볼 수 있는 공간 같은 그런 것도 좋겠고요. 음… 가족 단위로 와서 놀러 왔다가 아… 이게 벤치, 의자에 앉아서 애들 이렇게 그래도 이런, 이런 우리나라에 이런 사고가 있어서 이렇게 희생 애들 이렇게 그런 것도… 그러니까 많이 생각하면 뭐 많겠죠, 뭐 이것저것. 근데 우, 우선은 이제 부지가 있어야 그것도 생각하는 거니까, 우선은 부지가 있어서 빨리 나는 저… 그런 걸 떠나서 그냥 애들이 한곳에 모여 있었으면 좋겠어요. 이것저것 지금, 막 세 군데가 됐잖아요. 그러니까… 저 같은 경우에도 내 자식이 있는 데만 가게 돼요. 막 어우… 한곳에 있으면 이왕 내 자식 보러 갔을 때 한 번씩 이렇게 보면 좋은데, 지금은 뭐 여기저기 다 다닐 수가 없으니까 한번 가면 내 자식이 있는 데만 보고, 애들 거기 있는 애들만 한 번씩 보고, 선생님 보고 이러고 오는데, 어… 이것저것 뭐 따지고 할 게 아니라 애들이 우선은 한곳에 있어서 부모, 모든 부모님들이 그냥 아… 내 자식 뭐 이렇게, 이렇게 봤을 때 한 번 더 그러면, 서로가 걔네 애들도 외롭지 않게, 한 번 왔을 때 아… 누구… 뭐 그렇게, 우선은 그게 제일 중요한 거 같애요. 다른 거 따지고 뭐 좋은 거 세우고 이게 아니고요, 그냥 애들 모을 수 있는 공간이 우선 제일… 그게 제 입장은 그래요. 지금 내 자식만 보러 이렇게 그쪽에만 가지 다른 데 이렇게 잘 안 가게 되더라고요. 저만 그런지는 모르겠지만 하여간 그래요. 그래서 이왕이면 애들이 또 같은 친구들끼리 왜냐면 다 지금 뿔뿔이 흩어졌잖아요. 그때는 친구였는데 지금은 얘 친구는 저기에 있고 뭐 여기에 있고 이러는데, 한곳에 애들도 빨리 같이 있었으면…. 그거 우선은 그 자리를 해놓고 뭐, 뭐를 세우고 뭐를 하고 그래야죠. 그 애들도 한곳에 안 돼 있는데 미리 뭐 이거를 세우고 뭐를 하나 만들고 이거는 아닌 거 같애요. 우선은 애들이 먼저 한곳에 모여야, 그러면 가다 보면은 또 뭐 부모님들도 아, 왔냐고 인사하고 서로 그러면, 그렇게 되는 거 같애. 그니까 그게 제일 중요한 거 같애요, 애들 한곳에 모이는 게.

7
유가족 활동과 배상 문제

면담자　　2년 이상 엄마, 아빠들이 여러 어려움 속에서도 그런 문제 해결을 위한 지속적인 노력들을 해오셨는데요. 그런 이야기를 지금 저희가 종합을 해봤습니다. 이 이야기와 관련해서 이제 마지막 질문인데요. 소영 어머니한테 가장 기억에 남았던 유가족들의 운동은 뭐였어요?

소영 엄마　　안산에서부터 이렇게 가족이 이렇게 걸어서 서울까지 갔을 때, 그래도 저는….

면담자　　100일 때 얘기세요?

소영 엄마　　　예에, 예. 그때 뭐 국회에서도 있어보고 여기 뭐 지금은 어떻게, 지금은 너무 뭉클할 정도로 지금은 고마워요, 시민 분들. 근데 그때 할 때 옆에서 막 응원해 주고 이러잖아요, 그 초창기였으니까. 아마 거의 인제 그랬을 때 아마 더 힘이 됐던 거 같애요. 그… 그때, 그때는 초창기고 전부 다들 우리가 뭘 해봤겠어요. 뭐, 뭐 해보지도 않고 그랬을 때니까, 그리고 부모들이 이렇게 그때는 뭐 소송 이런 거 하기 전이었으니까, 전체 부모가 다 했는데 지금은 없잖아요. 반이 없잖아요. 그게 지금 너무 안타까울 뿐이에요. 그냥 그때 초창기처럼 다 그냥 했으면 더 힘이 됐을 건데, 그때가 저는 제일 그나마 부모들이 다 같이했을, 첨에 한 그때가 제일 기억에 남아요. 지금은 너무 없어요. 반이 없어요, 반이. 그러니 뭐 반 이상이 없으니까, 그때는 진짜 전부 다들 한마음이었어요, 초창기, 그 걸어, 걸어갈 때는….

면담자　　　소영 어머님 포함해서 매일 나와서 정말 정신없이….

소영 엄마　　　예, 열심히 하신 분들 많죠.

면담자　　　운동을 하시는 분도 계시고, 또 소영 어머니처럼 가끔 나오시기도 하고, 또 당직이나 이런 것도 빠지지 않고 나오시고, 또 어떤 분들은 전혀 안 나오시는 분들도 계시고 한데, 핵심적인 차이는 뭘까요, 그런 분들의?

소영 엄마　　　하… 이걸 어떻게 설명을 해야지? 나, 그런 좀….

면담자　　　　소영 어머니의 이야기를 하셔도 좋을 거 같습니다.

소영 엄마　　　무책임한 거 같애요. 부모 자식이 이렇게, 그걸 어떻게, 그분들도 그분들 나름의 생각이 있어서 그랬겠지만은, 그거를 내가 뭐 이렇게 딱 맞게 이렇게 정의를 내릴 수 없지만은… 너무 무책임한 거죠. 이게 열심히 지금 뭐 밤낮으로 싸우는 사람들도 있는데 자기네는 안 하고서 나중에 애들이 한곳에 모이거나 이러면 그분들 너무 창피하지 않을까요? 제 생각에는. 그래도 '아… 나 이렇게까지는 했다' 이렇게까지는 내 자식을 위해서, 다들 뭐 먹고살기 바빠서 그럴 수도 있지만은, 그래도 두 분 중에 한 분이든 뭐 이렇게 전부 다 했으면은 좋았겠는데, 생각의 차이[가 있더라도], 이왕이면 같은 한 배에서 그랬으니까 이왕이면 같이 이렇게 열심히, 그래야 더 싸우시는 분들도 힘이 되고. 왜 그러냐면 유가족들이 많은, 많으면 아무래도 힘이 더 생기지 않아요.

　　　뭐 근데 아… 이게 저만의, 제가 생각하기에는 너무 무책임한 거 같애요. 자식에 대한, 아니면 뭐 직장 다녀도 아… 소송하면서 활동만 가끔씩만 나와도 그래도 힘이 될 텐데, 반 이상이 뭐 빠져버리고, 있는 사람들도 뭐 거의 보면 열심히 하시는 분이 엄청 많아요. 하는 사람은 계속 뭐, 뭐 하고, 저처럼 가끔 나가는 사람도 할 말이 없는데, 그분들은 나중에 자식들 한 번, 뭐 만약에 자식들이 다 이렇게 모여서 보면은 아는 사람은 있을 거 아니에요. 그러면 거기에 얼굴 이렇게 들고 나오기가 좀, 이렇게 아… 맨 얼굴로 얼굴 두껍게 이렇게 하고 나올 수 있을까 하는 그런 궁금증도 생기고.

소영 엄마 김미정

면담자   소영 어머니는 여러 가지 어려운 상황들이 있었음에
도 불구하고 지금 끝까지 남아 있는 유가족 중 한 분이시거든요.
그렇게 소영 어머니가 끝까지 나올 수 있도록 유지해 준 어떤 힘이
랄까, 이유랄까, 그런 것은 무엇이었습니까?

소영 엄마   열심히 뛰는 부모들이 많으니까요, 저보다. 뭐 제가
그렇게는 같이해 줄 수는 없지만은 그래도 이거라도 힘을 조금 보
태면 앞, 앞서서 싸우시는 분들이 조금 더 힘이 생기고, 제가 그렇
다고 확 나서서 활동 뭐 이런 거는 아니지만은, 그런 한 사람이라
도 조금 이렇게 도와야 그분들이 힘이 생기기 때문에. 그러고 저는
이게 소송 갈 때도 저희 아들한테도 그랬어요. 〈비공개〉 "엄마는 이
거 소송할 거고 그래서 소송 이렇게 끝까지 할 거"라고 그랬더니
저희 아들도 "엄마 알아서 하세요" 이렇게 하고 했어요. 근데 그런
거 그 소송한 사람, 좀 많으면 그만큼 힘이 되고 서로가 그러는데,
그래서 창피하죠. 막 뭐, 뭐 어디 걷기 이런 거는 못 해도 그래도
열심히 하는 사람한테 그나마 조금에 대한 뭐 그냥 아주 작은 그냥
요만큼의 작은, 그냥 같은 부모니까 작은, 그냥 옆에서 요만큼 옆
구리 살짝 점처럼, 그냥 그러면서 서로가 힘이 되는 거 같아요. 내,
뭐 나 혼자서 뭐 편하게 살고 이게 아니고.

면담자   소영 어머니 그 2년 넘는 이 시간 동안 그렇게 힘이
되는 것이 무엇인지에 대해서는 잘 이해를 했습니다만, 또 경우에
따라서는 '아, 이건 내가 좀 선택을 잘못했는데'라든지 '판단을 잘

못했는데'라든지 좀 이렇게 뭔가에 대한 잘못이 느껴져서 후회하고 있는 점도 혹시 있으세요?

소영 엄마   아직까지는 뭐 소송해서 후회하고 이거는 없는데요. 소송 안 한 사람들이 돈을 더 받아갔다는 거…. 나 그게 참, 왜 우리나라는 이런, 이 법도 참 너무 돈 관[계가], 내가 더 받고 싶어서 이런 거는 아닌데, 뭐 더 받아도 어차피 소송 져도 못 받고 이런 건 상관없는데, 왜 우리나라 참 웃겨요. 소송 안 가면 돈을 더 가져가고 왜 소송 가는 사람은 열심히 싸우고 이러는데 더 손해를 봐가면서 이렇게 하고, 그런 거 그 생각만 잠깐. 〈비공개〉 억울해 가지고 그런 경우도 있는데, 어… 그 다른 거는, 제가 아직까지는 뭐 소송 가서 후회되고 이런 거는 아직은 없어요. 그냥 아직은 후회 같은 거는 아직은, 예.

면담자   국가 배상에 대한 소송을 선택한 것과 관련된 말씀이셨고요. 그거 이외에도 여러 상황이 있으니까, 뭔가를 선택하거나 뭔가를 결정을 내리거나 했었는데, 그것 중에서 '아, 지금은 내가 좀 후회된다' 이런 건 없으신지요?

소영 엄마   후회는 아직은 그런 거는 없는 거 같은데요. 뭐든지 그냥, 그리고 지금 뭐 이렇게 하는 것도 그렇고 솔직하게 저희가 그 뽑아, 그분들 이렇게 뭐 믿고 해야 그분들도 힘이 생겨서 하기 때문에, 그리고 지금 아, 후회 같은 거는 없어요. 모든 거에 나는 이, 지금 그냥 열심히 조금 저희가 할 수 있는 최소, 최소한의 뭐 그

런 거지 아직은 후회는 없어요. 〈비공개〉

면담자   제가 정확하게는 모릅니다만 국가 배상에 대해서 소송을 내신 분들은 배상 금액을 수령하지 않기로….

소영 엄마   예, 합의, 그런 거예요.

면담자   그래서 현재도 수령을 안 하신 상태이지 않습니까?

소영 엄마   예, 예.

면담자   그 국가 배상금 소송 건이 끝나면 배상금을 다시 받으시게 돼 있어서, 아까 말씀하신 대로 소송을 걸지 않고 국가 배상금을 받은 사람보다 현재는 덜 받으시지만 언젠가 승소해서 국가 배상금을 받으실 때는 금액을 더 많이 받으셔야 정상일 텐데… 그건 어떻게 알고 계십니까?

소영 엄마   저는 이거 소송 들어갈 때요, 애초에 덜 받고 더 받고… 저희 아들한테도 그랬어요. "이게 만약에 소송이 잘돼서, 잘돼서 뭐 어차피 동생은 동생에 대한 보상금이니까 받으면 좋겠지만은 못 받을 수도 있다" 뭐 그렇게 생각했기 때문에, 돈에 관련은 [관련해서는] 그렇게 생각을 안 해본 거 같애요. 애초에 저희 아들하고 내가 소송할 때, 저는 미리 얘기를 했거든요, 아들한테. 이게 가면 잘돼서 받으면 좋겠지만은 못 받을 수도 있고 어떻게 될 수도 있고 만약에 뭐 절반이 될 수도 있고 얼마가 될 수도 있고 그렇기 때문에 돈은 아직 뭐 생각은 안 했는데… 이왕이면 나는 뭐 그걸 돈을 떠나서 소송은 이겨야 된다고 봐요, 무조건.

면담자   말씀하신 대로 돈이 많고 적음의 문제가 아니라, 결국 국가가 합당하게 해야 하는 자기 책임을 배상을 통해서 해야 하는데, 배상 금액의 산정 방식이라든지 기타 등등이 국가가 져야 될 책임을 다하지 않으려는 것이었기 때문에 그것에 대해서 우리는 소송을 한 거 아니겠습니까? 근데 어쨌든 이 얘기 나온 김에, 현재 배상금을 수령하지 않으신 분들이 많으시잖아요?

소영 엄마   예, 백 몇?

면담자   130여 명이 넘었던 걸로 제가 기억하는데, 이제 그분들이 차츰 배상금을 국가가 재책정하게 해서, 지금 여러 가지 상황도 좋아지고 있으니까, 국가 배상과 관련된 소송이 승소를 해서 판결이 나면, 그에 합당한 배상 금액을 받으시게 되지 않나 하는 말씀을 제가 드린 것이고요.

8
세월호 참사 이후 생각의 변화

면담자   〈비공개〉 세상 얘기도 이어서 조금 해봤으면 좋겠는데요. 물론 소영 어머니는 노조 활동도 하셨고 해서, 그런 활동이 전혀 없었던 분하고는 물론 다르긴 합니다만, 세월호 참사 이전에 한국 사회에 대해서 생각하셨던 것 하고, 참사 이후에 많이 바뀌어버린 것 있다면 어떤 것이 있을까요?

소영 엄마   그때 처음에 그거는 이제 애, 애 아빠 때문에 어쩔 수 없이, 애들 진짜 이렇게 어렸을 때 그때 했던, 저번에 분향소에 서 그때 했던 아빠가 민주노총 거기에 뭐 있어 가지, 있어 가지고 나 보고 안아주고 그러더라고요. 근데 그때는 진짜 뭣 모르고, 뭐 알았겠어요? 신랑 뭐 저기 어… 구치소에 있을 때 뭐 엄마들 그 또 그, 근데 하게 되더라고요. 근데 지금은, 그때는 직장을 위해서 했 잖아요, 애 아빠고 직장을. 근데 지금은 자식이잖아. 그거 같애요, 남편보다 자식이 더 커요, 제가 어… 그거 같애요. 부모보다 자식 이 약간 더 크게 느껴지는 뭐 그런 거라고 그래야 되나? 그냥… 부 모이기 때문에 그때 했던 거하고는 전혀 지금 상황이 전혀 틀리죠. 지금은 내 자식을 위해서 그러고, 앞으로 우리 다른 애들이, 이렇 게 지금 자라고 있는 애들 때문이라도, 지금 이렇게 안, 안 바뀌면 계속 무슨 사고가 터지고 그러면 이게 계속 반복이 될 거, 계속 반 복적으로 지금까지 해왔기 때문에, 아마 저희가 이 지금 부모들이, 부모님들이 아마 열심히 더 해, 하면 이렇게 바, 바뀌기를 원해서, 바뀌어야 또 자라는 애들도 뭐 해도 그 우리처럼 이런 일은 없어야 되겠지만은, 생기면 아… 우리가 이렇게 바꿔서 그때는 좀 편하게 좀 뭐가 이렇게 됐으면 좋겠어요. 저희 이… 지금 할 수 있는, 이 지금 싸우고 있을, 있을 때 좀 바뀌어가지고, 왜냐면 계속 저희보 다 앞전에 사고 뭐 터졌던 분들도 아직도 그대로잖아요. 그러니까 저희, 우리가 좀 열심히 하면 바뀌어가지고 다음에는 뭐 사건이 안 나면 더 좋겠지요. 뭐 근데 사람은 또 모르는 거니까. 그래서 좀 이렇게 잘 이렇게 돼가지고 잘 모든지 빨, 빨리빨리 할 수 있는 그런 단계가 돼가지고 빨리 이렇게 할 수 있는. 아니, 그러고 또 뭐 조사도 그렇고 뭐도 그냥 저희처럼 이렇게 막 싸워가지고 힘들 게 안 하고, 그분들은 조금 쉽게 이렇게 할 수 있는 그런 거를 위해서, 왜냐하면 저희 자식은 어차피 이제 세상에 없잖아요. 뭐 그렇다고 싸우기야 하겠지만은 아우… 없는 자식 머 이래 가면서, 근데 앞으로의 우리나라가 조금 나은, 이렇게 안전에 대한 것도 그렇고 사고가 났을 때 대처, 만약에 빨리빨리 처리하는 과정도 그렇고, 그나마 지금 저희가 할 수 있는, 만들어놓지 않으면 이게 계속 반복적으로 될 거예요, 계속. 그래서 그런 거를 생각하면 지금 어느 정도는 잘 좀 됐으면 좋겠는데 이게 어렵네요, 또 하기가.

9

최근의 고민

면담자 요새 제일 고민되는 게 혹시 있으세요?

소영 엄마 아… 제일 고민이라고, 좀 그럴 건데, 딸이 조금씩 이렇게 잊, 이 마음속에 있어요. 있는데 아… 인제는 조금 조금씩 이렇게 아… 이게 조금씩 만약에 옛, 옛날에 요만큼인 거였으면 지금은 이제 아들에 대한 거, 뭐에 대한 거 막 이러다 보니까, 조금 조금씩 이렇게 좀 그래요. 그런 거를 저번에 효원 가서 한 번 좀 느꼈는데, 그게 좀 마음이 아파요. 언젠가는 마음에는 있겠지만 언젠가는 차근차근 조금씩 아이… 그런 게 조금, 지금 그게 조금 안타깝고 마음이 아프고 어쩔 수 없는데 살다 보니까 그러는, 살다 보니까 집에, 이제 뭐 생각, 아들 뭐 일차로 있는 애부터 하고 뭐 하고 하다 보니까, 좀 효원도 옛날에 만약에 매일 갔으면 요즘엔 일주일에 두 번, 세 번 (웃음) 아니면, 어쩔 때는 막 뭐 하다 보면 일주일도 못 갈 때도 있고 이렇게 돼버리는 거예요.

아이… 그래서 이게 조금 '아, 세월이 이게 흘러서 그런가', 하아… 그게 조금 아직 좀 점점 잊혀진다는 게 마음이 조금, 아예 잊혀지지는 않겠지만은 세월이 계속 흐르면 언젠가는 아… 마음속에만 이렇게 있는 그럴 때가 올 거 같은 그런 생각도 들고, 하여간 요즘엔 조금 그런 거 때문에 아유… 그런 게 조금 아쉬워요, 조금씩 잊혀진다는 게, 내 마음에서.

면담자   하긴 뭐 지금 말씀하신 대로 아무래도 오빠에 대한 관심이랄까, 좀 배려해야 되는 거, 이런 게 좀 커졌다는 말씀이시기도 한데.

소영 엄마   근데 저희 아들이 좀 고지식해요. 아니, 그러니까 내 생각을 해서 그럴 수도 있고, 애가 약간 그니까, 그니까 제 생각 때문에 그러겠죠. 엄마가 조금 뭐 어느 정도는 조금 이제 마음에 했으면 좋겠다는 지 생각일 거예요, 아마. 〈비공개〉 그래서 아마 더,

인제 만약에 제가 이제 소영이 막 이렇게 하면 "엄마는 왜 그러냐"고 그래요. 만약에 아… "엄마 이제 저거 조금씩 정리하고" 막 이러라고 그러는데 그냥 저 생각해서 그러겠죠, 걔도 뭐… 그러다 보니, 그런 것도 있고, 또 있는 애도 생각을 해야 되고, 그렇다고 걔 있는데서 맨날 인상 쓰고 슬프게 하고 있을, 있을 수는 없으니까… 그런 것도 있고, 뭐 여러 가지….

면담자   사람의 일상의 삶이라는 거는 여러 가지 즐거움을 추구하기도 하고, 어디 가서 야유회도 하고, 놀기도 하고 이런 게 당연히 있어야 되는데, 소영이 가고 전혀 할 수 없었던 게 있었습니까, 혹시? 그 전에는 가끔은 하셨는데?

소영 엄마   노래방을 안 가요. 안 가고, 소영, 그런 거 같애요. 내가 그나마 요즘에 이제 영화는 가. 이제 아들 저번에도 엄마랑 영화 보러 가자 그랬더니 "엄마, 우리 좀 있음 가요" 그러더니. 근데 왜냐하면 소영이하고 워낙 저희는 뭐 영화도 잘 가고 영화도 보러도 둘이 뭐 잘 가고 극장 가서 뭐 그러고, 뭐 지 화장품 필요하면 나 끌고 가서 사고, 뭐 노래방도 이제 가족 가면 잘 가고 그랬는데, 그런 게 이제 걔하고 소영이가 했던 거를 좀 잘 안 하게 돼, 돼요. 그냥 그러다 보니까 뭐 원래는 놀러도 안 갔었는데 그나마 어… 조금 올 저기부터는 이제 조금씩 가고, 온마음[센터]이나 이런 데서 그런 데도 안 갔었어요. 나 뭐 요가하라 그래도 안 가고 아예 안 했었는데, 그나마 지금은 어디 이제 갈 때 있으면 어… 인제 시간이 되면 거기 또 갈려고 하고 그러니까 조금씩 이제는 많이 하려고 하죠, 조금씩 인제. 왜냐하면 다 안 할 수는 없, 없으니까 그냥 이제는 조금씩 바뀌려고 하죠.

면담자   못 하는 이유를 얘기하신다면 어떤 이유세요? 어떤 마음 때문이세요?

소영 엄마   소영이랑, 아니 그런… 뭐를 하면 소영이랑 같이 갔던 데가 이렇게 생, 생각이 많이 나요. 극장도 그렇고 어디 어… 같이 여행 간 데도 그렇고, 뭐 가면 어… 소영이 이렇게 즐거워했던, 소영이가 처음에 보드 배울 때 몇 번을 넘어지고 엉덩방아 찧고 그런 것도 그렇고… 아직까지는 그런 추억이 이제 생각이 많이 나게, 나고 그래서 잘 안 하게, 그런 부분은 이제 될 수 있으면 안 하게, 이렇게 안 하게 되는 거 같애요, 그냥 아직은. 어디 가면 '아… 소영이 여기 같이 와서 걔 그랬는데' 이래 가면서 그런 추억도 많고…….

면담자   예를 들어서 남녀가 연애를 하고 있다고 치면, 이제 3년간 연애를 했으면, 1년 차, 2년 차 때에 같이 다녔던 장소나 여러 가지 기억들이 추억으로 남아 있는 상태에서 사귀잖아요. 그러면 그 장소에 가면 "우리 옛날에 어땠었지" 하고 두 사람이 이야기를 하는데 지금은 소영이가 없으니까….

소영 엄마   예, 그런, 왜냐하면 그런 거를 조금 이렇게 가면 그, 그 장소 거기를 가면 '아… 소영이랑 이렇게 왔었지' 그 생각이 먼저 나요. 그게 어쩔 수 없으니까.

147
•
3회차

면담자　　　그게 싫으시다는 거죠?

소영 엄마　　　예에, 예. 그게 조금 음… 아직은 그게 이렇게 잘 이
렇게 안 돼서….

면담자　　　싫다는 표현은 좀 뭐하고 가슴이 또 아파지니까….

소영 엄마　　　예, 같은 추억이 있던 장소니까 그게 조금… 나중에
는 괜찮겠죠. 그런데 지금은 조금 이렇게 좀 그런 부분이 있어서…
소영이하고 같이 이렇게 즐겁게 했던 그런 공간도 그렇고… 아직
까지는 그런 게 조금… 힘들죠, 그게.

10
마무리

면담자　　　다른 이야기이긴 합니다만, 소영이 보내고, 소영이
도 소영이고 소영이 오빠도 오빠지만, 다 제쳐놓고 소영 엄마가 하
고 싶은 것이 혹시 있으셨어요?

소영 엄마　　　그때는 제, 제가 뭐 그냥, 그냥 애들 있을 때는 있는
대로 또 뭐 하루하루 살, 이렇게 정신없이 살고 집에 와서 뭐 이러
다 보니까 내가 뭘 하고 싶다 그런 게 없었, 없었어요. 그냥 뭐 그
러다 보니까 그때는 '뭘 하고 싶다' 그, 그런 게 없었던 거 같아요.
그냥 일 갔다 오고, 애들 밥하고 뭐 하고 뭐 집하고 치우고 이러다

보면 하루가 혹 가고, 이래 가지고 '아… 주말에 내가 뭘 하고 싶다' 이런 거는 없었는데 요즘에는 그러더라고요. 우리 아들이 "엄마, 헬스도 다니고요", (웃음) "운동도 하고요" 막 하라고. 근데 뭘 특별나게 내가 뭘 이렇게 하고 싶다 이런 거는 없어요. 제가 뭐 그렇다고 즐겁게 막 이렇게 나가고 그런 스타일도 아니고. 근데 그냥, 그냥 인제는 뭐, 뭐, 하나를 새로운 거에 뭐 그냥 하나씩 해볼까 싶은 생각이 이제 뭐 그러긴 하는데, 옛날, 그런 생각을 옛날엔 해볼 겨를도 없었죠. 내가 뭘 해봐 맨날.

그리고 주말에도 애들하고 막 어디 같이 영화 보러 댕기고 이런 거 하고 뭐 이러다 보니까 내가 뭐 하고 싶다 이런 거는 아예 생각을 안 했었는데, 요즘도 그런 거 같애요. 그냥 뭐 하루하루 이렇게 지내고, 어 뭐, 가끔 내 아는 사람들 만나서 수다 떨고 차 마시고 음… 그리고 내가 막 수다 실컷 떨고 오면 또 마음이 또 편해가지고 막 집에 와서 그냥 요즘에는 그러는 거 같애요. 그냥 뭐 특별나게 하고 싶다 이런 거는 왠지 모르게 그냥 아직은 그냥 그런 거 같애요. 지금 그러고 뭘 이렇게 하고, 뭘 이렇게 이런 거에, 그리고 제가 별로 그렇게 특별나게 관심이 없어요, 뭘 뭐 만들고 뭐 하고. 그래서 없어요, 아직은 하고 싶다 이런 거.

면담자   이전에는 소영 엄마가 하고 싶은 거, 또는 소영 엄마 인생을 스스로 이렇게 꾸려가려는 그런 생각을 할 여유도, 그럴 이유도 별로 못 느끼셨는데, 지금은 뭔가 소영 엄마가 하고 싶은 것이나 소영 엄마의 인생을 이렇게 꾸려가 볼 필요는 있겠다 이런 생각을 하신다는 걸 전제하는 거죠?

소영 엄마　　　옛날보다는 제가 많이 바, 많이 바뀌었죠. 옛날에는 뭐 그냥 아… 저거 안 해도 고만이고 아이 저거 뭐… 그랬는데 지금은 그냥 이렇게 하나씩은 해보고 싶다는 생각은 있어요. 뭐 해보고 싶다 이런데 그 도전, 그 생각만 그냥 머릿속에 생각만 그러고 그렇지. 옛날에 비하면 이게 많이 바뀌었어요, 제가.

면담자　　　아직 실현은 안 하셨지만 이런 건 한번 해볼까 이런 건 뭐가 있었어요? 하나만 얘기하신다면?

소영 엄마　　　수영. 제가 물을 진짜 무서워하는데 소영이 사고 터[지고], 하구서 더 무서워져 가지고 수영은 우선 제일 만약에 하게 되면 수영을 배우고 싶어요. 그런데 시도를 안 하고 있지요(웃음). 왜냐면 물이 인제 물 같은 게 무서우니, 더 무서[우니]. 옛날에도 저는 아, 어렸을 때 저희 집이 이제 한강 가까이에 살았어요. 그때 아마 그런 거 때문에 아마 제가 물을 더 무서워할 수도 있는데 한강에서 애 빠지는 걸 봤거든요, 죽은 걸. 인제 저희가 그때는 한강이 이렇게 발전이 안 됐고 그냥 가서 물 긷고, 그냥 이렇게 가서 수영도 하고 그냥 흙 [가지고 놀고] 그랬[는데], 그럴 때 아주 어렸을 때였으니까. 근데 제 눈앞에서 애가 죽은 거예요, 저희 이제 놀고 있는 거기서. 아마 그때 이후로는 물속에 들어가고 이런 거에 아마 못, 못 들어갔던 거 같아요, 물에 이렇게 그런 거를. 그때 아마 그런 거에 대한 것 땜에, 그래서 요즘에는 도전을 좀 해볼까 (웃음) 생각은 갖고 있는데 뭐 언제 도전할지는 모르죠. 이러다가 이제 뭐 (웃음) 이제는 할머니, 누구 말말처럼, 오늘 아침에도 저 우리 아들이요 "할머니, 할머니" 그래요 인제는(웃음).

면담자   소영이 보내고 2년이 훌쩍 지나가 버려서 요새는 소영이가 어떻게 떠오르십니까?

소영 엄마   머릿속에는 항상 있지요. 옛날, 그러니까 소영이… 어… 소영이 인제 뭐 다 저기 하루 뭐 맨날 거울 앞에서 화장하는 것도 그렇고, 모습이 생각은 나는데 그, 그 멈춰버렸잖아요. 더 이상 뭐 '얘가 이렇게 성장했겠구나' 이렇게 어… 지금 이제 대학교 가서 뭐, 뭐 미팅하고 애들처럼 이런 게 없어졌기 때문에 그냥 그, 지금 그, 그 모습밖에 없잖아요, 지금. 어떻게 뭐 상상을 할 수는 없고 그냥 그, 그, 거기에 멈춰진 거 같애, 거기 그냥 그 얼굴, 그 모습. 이렇게 내가 오죽하면은 저 전시관에 소영이 그린 거 있잖아요, 사진으로. 이거 크게 뽑았다고 가져가라 그래서 갔는데 소영이 쌍꺼풀 없는 눈이 쌍꺼풀이 생기게 그려주신 거예요. 이렇게 그려 가지고 (웃음) 소영이 안 닮았다고 그랬더니 "가져가지 마" 이러더라고(웃음). 그래도 챙겨오긴 했는데 그냥 그, 그 당시 그 모습만 기억이 나죠. 다른 거는 뭐 없고 그냥 뭐 어렸을 때 기억도 잘 안 나는데 그냥 그, 그 모습만 그러니까 그게 엄마의, 부모의 마음에 그 그림만 있는 거 같애요, 마음속에 그냥. 다른 거를 생각하려는 게 아니고 오로지 그때 그러니까 거기 멈춰버린, 그러니까 소영이가 거기에 멈췄으니 엄마도 소영이에 대한 게 그 자리에 그냥 멈춰버렸잖아요. 다른 추억이 없으니까 그 딱 고, 고 얼굴이에요, 딱 고 얼굴. 아침마다 늦게 일어나서 화장하느라고 이래 이래 뚜드리고 거울 앞에서 딱 그, 그것만 생각나지…….

면담자   1, 2, 3차 구술 진행하면서 어머님의 성장 과정들, 그리고 안산에서의 삶의 시작들, 소영이가 성장해 가는 과정들, 또 참사를 당하고 소영이 올라오는 모습들, 그 이후에 참사의 원인을 밝히고 다시는 그런 일이 일어나지 않도록 엄마, 아빠들이 이렇게 발 벗고 나서서 싸움을 꿋꿋하게 이어가시는 모습들, 그런 삶을 살아가면서도 소영 어머니는 여러 가지 어떤 생각의 변화라든지 이런 것들도 많이 겪으셨고, 구체적인 생활의 방식이든 이런 것도 다 바뀌신 상태고. 근데 마지막 지금 말씀하신 게 저한테는 소영이 어머니 속에 마음속, 어머니 마음속에 남아 있는 소영이는 변함이 없는 거 같애요.

소영 엄마   예, 딱 그거고.

면담자   그래서 평생 소영이랑 같이 그렇게 살아가신다면, 지금 우리가 과제라고 생각하는 일들, 아직 풀리지 않는 일들도 소영이와 함께 시간을 좀 길게 보시고 이렇게 풀어가시고, 또 소영 엄마 개인의 인생도 더 이것저것 좀 하시고 싶은 것들 하고, 인생의 목표도 설정을 해서 살아가시면 좋지 않겠나 하는 생각을, 긴 이야기를 제가 쭉 들으면서 하게 됐습니다. 구술 거의 마무리하려고 하는데요. 어머니 하시고 싶은 얘기가 남아 있는 거 무엇이라도 좋으니까 조금 더 말씀해 주셔도 좋을 거 같습니다.

소영 엄마   제, 하아⋯ 말 주변이 좋아 가지고 뭐 세월호 관련된 거 막 이렇게 얘기를 하고 싶은데, 그런 게 조금 그런 거를 갖다가 자세히 이렇게 어디 뭐 말을 제대로 못⋯ 그런 것도 좀 아쉽고요. 내가 아 이거 구술을 괜히 한다 그래 가지고 머리 복잡하게 (웃음) 이런, 이렇기도 하고, 내가 만약에 더 자세히 많이 알았으면 더 막 했을 건데 그런 것도 좀 아쉽고요. 그런 게 좀 모자라가지고 (웃음) 아유⋯.

면담자   소영 어머니 말씀 중에 죄송합니다만, 하시는 말씀 이 특히 그 마음의 상태랄까 이런 것들을 반영해서 말씀해 주셨어 요. 우리가 뭐 세월호 참사와 관련된 어떤 사건사라고 얘기하는데, 그 사건사적인 상세한 얘기는 다른 데에서 많이 듣거든요. 오히려 소영이 어머니 말씀이 더 값지고 내용이 깊습니다.

소영 엄마   그런, 그런 게 조금 아쉽고 그냥 하면은 뭐든지 아쉬 운 거 같애요. 그냥 내가 좀 더 잘 알아가지고 이거를 더 막, 모든 게 그런 거 같은데, 하여간 전, 나는 카메라가 제일 겁나요. 저 카 메라 어디가(웃음).

면담자   너무너무 잘해주셨고요. 저희가 거의 총 합쳐서 5시 간 정도 구술하지 않았나 싶은데, 4시간 이상 5시간 하셨거든요. 너무 힘든 일에 잘 협조를 해주셔서 감사를 드리고요. 아마 이 구술의 결과가 나중에 공개가 된다면 물론 어머님의 동의를 다 거쳐서, 비공개 부분 설정을 한 이후에 공개를 하겠습니다만, 그것이 사람들이 삶을 한번 되돌아보는 그런 어떤 성찰의 계기 같은 것으로 또 많이 쓰이지 않을까 싶고, 또 한편으로는 유가족 어머니, 아버지들의 마음 하나하나가 우리가 왜 진상 규명을 해야 되는지, 그리고 또 진상 규명 이후에 무엇을 어떻게 해가야 하는지에 어떤 출발 지점에 해당하거든요. 그래서 그런 마음을 잘 정리를 해주셔서 많이 의미 있게 사용이 될 겁니다. 그 점 감사드린다는 말씀을 마지막으로 드리면서 이 긴 구술의 장정을 마무리하도록 하겠습니다.

소영 엄마   감사합니다.

면담자   예, 너무 감사합니다.

4·16구술증언록 단원고 2학년 1반 제5권

그날을 말하다 소영 엄마 김미정

ⓒ 4·16기억저장소, 2019

기획 편집 4·16기억저장소 ᅵ **지원 협조** (사)4·16세월호참사가족협의회
펴낸이 김종수 ᅵ **펴낸곳** 한울엠플러스(주)
초판 1쇄 인쇄 2019년 4월 1일 ᅵ **초판 1쇄 발행** 2019년 4월 16일
주소 10881 경기도 파주시 광인사길 153 한울시소빌딩 3층
전화 031-955-0655 ᅵ **팩스** 031-955-0656 ᅵ **홈페이지** www.hanulmplus.kr
등록번호 제406-2015-000143호

Printed in Korea.
ISBN 978-89-460-6705-9 04300
      978-89-460-6700-4 (세트)
* 책값은 겉표지에 표시되어 있습니다.